팀 켈러, 집사를 말하다

Resources for Deacons
Copyright © 1985 by Timothy J. Keller

Originally Published in English under the title
Resourced for Deacons: Love Expressed through Mercy Ministries
by PCA Committee on Discipleship Ministries,
1700 North Brown Road, Suite 102, Lawrenceville, GA 30043 U.S.A.
All rights reserved.

This Korean edition © 2023 by Duranno Ministry
38, Seobinggo-ro 65-gil, Yongsan-gu, Seoul, Republic of Korea

팀 켈러, 집사를 말하다

지은이 | 팀 켈러
옮긴이 | 조수아
초판 발행 | 2023. 11. 15
4쇄 발행 | 2023. 11. 22
등록번호 | 제1988-000080호
등록된 곳 | 서울특별시 용산구 서빙고로65길 38
발행처 | 사단법인 두란노서원
영업부 | 02)2078-3333 FAX | 080-749-3705
출판부 | 02)2078-3330

책값은 뒤표지에 있습니다.
ISBN 978-89-531-4664-8 03230

독자의 의견을 기다립니다.
tpress@duranno.com www.duranno.com

팀 켈러, 집사를 말하다

팀 켈러 지음

조수아 옮김

교회의 기초를 이루는 고귀한 부르심

두란노

열두 사도가 모든 제자를 불러 이르되

우리가 하나님의 말씀을 제쳐 놓고

접대를 일삼는 것이 마땅하지 아니하니

형제들아 너희 가운데서

성령과 지혜가 충만하여 칭찬 받는 사람 일곱을 택하라

우리가 이 일을 그들에게 맡기고

우리는 오로지 기도하는 일과 말씀 사역에 힘쓰리라 하니

사도행전 6장 2-4절

Contents

집사 사역의 성경적 근거

교회의 기초를 세우다

집사 사역을 위한 준비
집사 직분의 영광과 특권을 배우다

Part 3

집사 사역의 종류
공동체와 세상에 사랑을 심다

`Part 4`

집사 사역의 실천 사례

손길이 닿는 모든 이에게 복음이 꽃피는 그날까지 섬기다

집사,
그 고귀한
부르심

뉴욕의 하이드 파크 바로 북쪽, 허드슨 계곡이 내려다보이는 자리에 대궐 같은 밴더빌트(록펠러, 카네기와 함께 철도왕이라는 별명을 가진 미국 역사상 최대 부자 중 한 명) 저택이 우뚝 서 있었다. 겨울철 몇 달 동안 두 사람이 여기에 살았는데 가정부, 집사, 운전기사, 관리인, 요리사에 이르기까지 부리는 이들만 스무 명이 넘었다. 밴더빌트 가에는 돈이 넘쳐났고 영향력도 그만큼 막강했다. 그때는 물론 지금의 잣대로 봐도 무엇 하나 아쉬울 것 없이 '다 가진' 집안이었다. 누구나 선망하는 부유하고 힘이 있는 자리에 있었다.

위대한 삶의 기준

예수님은 제자들에게 말씀하셨다. "이방인의 집권자들이 그들을 임의로 주관하고 그 고관들이 그들에게 권세를 부리는 줄을 너희가 알거니와"(마 20:25).

세상은 늘 남을 섬김 곧 누군가에게 베푸는 게 아니라 받는 섬김을 기준으로 위대함을 판단해 왔다. 비즈니스 세계에서는 찾아와서 '보고하는' 사람이 많을수록 성공했다는 소리를 듣는다. 성공과 행복은 피라미드의 꼭대기에 위치해 있다. 바닥에는 비참하고 고단한 일들뿐이다. 플라톤은 "누군가를 섬겨야 한다면 어떻게 행복할 수 있겠는가?"라고 했다. 그래서 그 당시 사람들에게 종처럼 '섬기는' 일은 조금도 고귀하지 않으며 살아가면서 가능한 피해야 할 일이었다.

하지만 예수님은 이를 죄다 바꾸셨다. 세상의 기준을 180도로 뒤집어 버리셨다. 미묘한 변화를 주거나 살짝 조정하는 수준이 아니었다. 전체를 거꾸로 뒤집어서 말 그대로 첫째가 꼴찌가 되고 꼴찌가 첫째가 되게 하셨다.

이런 변혁에는 타협이 끼어들 여지가 없다. 위대한 삶과 성취를 세상의 기준을 좇아 얼마나 '섬김을 받느냐'로 판단할지, 아니면 예수님의 잣대를 적용해 얼마나 '섬김을 베풀었느냐'로 가늠할지 둘 중 하나를 반드시 택해야 한다.

장구한 세월에 걸쳐, 그리고 이 시대에 대부분의 사람이 보편적으로 받아들였던 기준을 누가 뒤엎을 수 있겠는가? 여기서 우선 알아야 할 점이 있다. 우리는 '어느 인간'이 아니라 예수님을 염두에 두고 이야기하고 있다는 사실이다. 인간 예수가 아니라 창조주시며 성자이

시고, 우리 주님이신 예수를 말한다. 이 세계는 예수님과 그 권세에 힘입어 시작되었고 유지되고 있다. 인간의 능력을 떠받드는 세상의 기준을 뒤집어엎으려고 나선 분은 바로 왕의 왕, 주의 주님이시다.

만인의 종이 되다

예수님만이 성부 하나님, 그리고 성령 하나님과 더불어 피라미드의 꼭대기에 계신다. 사실은 피라미드를 초월해 그 위에 계신다고 해야 마땅하다. 정확하게 말하자면, 이렇게 물어야 한다.

"영광의 주님은 아담에서 시작해 오늘날까지 이어지는 생활 방식과 전혀 다른 기준을 죄로 물든 이 세상에 어떻게 제시하시는가?"

예수님은 몸소 보여 주시는 방법을 택하셨다. 주님은 '집사'의 사역을 하셨다. '집사'라는 말에 큰 가치를 두라. 복음의 핵심이 그 바닥에 깔린 단어이기 때문이다. 그리스어 어원을 보자면, '집사'(deacon)는 '밥상머리에서 시중을 든다'는 뜻이다. 넓게는 '머슴처럼 겸손하게 남들을 섬긴다'는 의미다. 예수님은 "인자가 온 것은 섬김을 받으려 함이 아니라 도리어 섬기려 하고"라고 하셨다. 즉, '집사'의 돌봄을 받으려 함이 아니라 '집사'로 섬기러 오셨다는 말씀이다.

예수님에게 '집사가 된다'는 말은 곧 눈먼 이를 보게 하고, 귀먹은 이를 듣게 하며, 상한 마음을 어루만지며, 기진한 이를 굳세게 하며, 핍박받는 이를 구원한다는 뜻이었다. 주님은 제자들의 발을 씻어 주셨다. 평생 품고 살았던 세상의 가치관이 도전받았으니 제자들로서는 당연히 당황스러웠을 것이다. 예수님은 엄혹한 징벌을, 인간으로

서는 가늠할 수 없는 정서적이고 영적인 고통을 감수하셨다. 무슨 잘못을 저질러서가 아니라 남들을 위해 감당하셨다. 바로 '집사'로 섬기신 것이다.

예수님이 '종의 모습을 취하지' 않으셨다면, 주님이 '자기를 낮추시고 죽기까지 복종하여 십자가에 죽지' 않으셨다면, 세상의 기준은 도전받을 일이 없었다. 만물의 주님이 만인의 종이 되신 궁극의 본보기를 볼 수 없었을 뿐만 아니라, 그분의 근원적인 능력도 빼앗기고 말았을 것이다. 고통을 참고, 고난을 견디고, 죽임을 당한 뒤에 예수님은 부활하셔서 권능을 보이시고, 승리하셨으며 이제 그분의 백성을 통해 살아 역사하신다.

주님은 '집사'이자 최상의 본보기다. 하나님이 주신 사명을 완수하심으로써 주님의 몸인 거룩한 백성이 이 세상에서 그분의 사역을 감당할 능력의 원천이 되셨다.

만물의 주님이 만인의 종이 되신 것처럼, 우리도⋯

예수님이 인류를 위해 하신 일과 우리를 통해 하시는 일 사이에는 주님이 베푸신 깊은 사랑이 자리하고 있다. "우리가 아직 죄인 되었을 때에 그리스도께서 우리를 위하여 죽으심으로 하나님께서 우리에 대한 자기의 사랑을 확증하셨느니라."

우리를 향한 예수님의 사랑은 죄인을 향한 사랑이다. 의롭고, 순전하며, 거룩한 하나님이 더럽고, 불순하며, 부정한 존재를 사랑하신다. 우리의 형편이 어떠하든지 개의치 않고 사랑하신다. 특별한 사랑이라는 말로는 그 사랑을 표현하기에 충분치 않다. 그분의 사랑은 유례가 없을 만큼 독특하다. 주님과 그분의 자비를 거절한, 그래서 전혀 사랑스럽지도 않고 사랑할 수도 없는 이들을 사랑하신다. 무조건 사랑하고 가까이 불러 모으신다.

"사랑하는 자들아, 하나님이 이같이 우리를 사랑하셨은즉, 우리도 서로 사랑하는 것이 마땅하도다." 크리스천은 받았던 바로 그 사랑으로 사랑해야 한다. 사랑스럽지도 않고 사랑할 수도 없으며, 더럽고, 부정한 이들을 품는 사랑이다. 예수님이 십자가에서 몸소 실천해 보이신 사랑은 구원을 완성하기도 하지만 사역을 이어갈 능력을 주기도 한다. 누구도 마땅히 해야 할 일을 다 하지 않았기에 주님은 십자가에서 '집사'로 섬기셨다.

"인자가 온 것은 섬김을 받으려 함이 아니라 도리어 섬기려 하고 자기 목숨을 많은 사람의 대속물로 주려 함이니라." 그리스도가 감당하셨던 집사로서의 직분과 사역만이 우리가 집사로서 감당할 직분과 사역의 소망이 된다.

하지만 예수님은 집사의 직분을 몸소 실천해 보이고 그분의 백성이 그 소명을 이뤄 가도록 힘을 주시는 데서 그치지 않으신다. 그리스도는 집사의 사역을 요구하신다. 크리스천은 온전히 자신을 희생하며 섬기는 삶을 사셨던 주님의 소유이기 때문이다.

신약성경은 거룩한 백성을 '둘로이'(douloi)와 '디아코노이'(diakonoi)라고 부른다. 각각 '일꾼'과 '웨이터'에 해당하는 말이다. 집사, 또는 일꾼으로서 하나님(고후 6:4)과 그리스도(요 12:26), 새로운 언약(고후 3:6), 복음(엡 3:7), 동료 제자들(막 10:43)을 섬기는 것이 거룩한 백성이 해야 할 몫이다. 예수님의 멍에를 멘 이들에게는 "이웃을 사랑하라"거나 "원수를 사랑하라"는 명령이 따른다. 신약성경은 실질적인 도움이 되지 못하는 사랑은 '말뿐인', 또는 '혀로만' 하는 사랑이며 우리가 섬기는 주님을 부인하는 꼴임을 분명히 하고 있다. 너무 명확해서 두말이 필요 없는 사실이다. 종교개혁가들은 불순종을 '믿음이 없고 구원받지 못했음'을 보여 주는 표식으로 보았다.

예수님은 직접 모범을 보여 가며 거룩한 백성을 집사 사역으로 인도하신다. 죽음과 부활을 통해 이 책임을 완수할 힘을 주신다. 순종하며 섬기라고 명령하신다. 집사가 하는 일은 무엇이든 구세주가 행하신 집사 사역에 뿌리를 두어야 한다. 예수님이 종의 모습으로 세상에 오셨으므로 그분의 백성에게 섬기는 사역은 얼마든지 가능하며 필수적인 일이기도 하다.

자비 사역(긍휼 사역)으로 부름받다

종교개혁은 '만인 제사장'을 표방했다. 크리스천은 저마다 그리스도를 통해 하나님께 직접 나아갈 수 있다고 가르친 것이다. 우리가 모두 제사장이어서 그런 특권을 나눠 가졌다면 사역의 책임도 공유해야 한다. 크리스천은 누구나 서로를 위해, 세상을 위해, 더 나아가 하나님의 영광을 위해 집사, 목회자, 머슴, 밥상머리에서 시중을 드는 웨이터가 되어야 한다. 십자가의 사랑, 십자가의 섬김은 새 생명의 징표이자 위대함을 규정하는 새로운 기준이다.

아울러, 성경은 올바르게 선택하고 뽑은 특정한 인물들이 특별한 책임을 지고 집사 사역을 감당해야 한다는 점을 명확하게 지적한다. 바울은 빌립보교회에 편지를 보내면서 "빌립보에 사는 모든 성도와 또한 감독들과 집사들에게"라고 적었다. 이 인사말로 미뤄 볼 때, 일찍부터 집사 직분이 제정되었고 '감독'이나 '장로' 직과 밀접한 관련이 있음을 분명히 알 수 있다.

디모데전서 3장 8-13절에서 바울은 '감독'(bishops, 장로)을 권면하고 나서 곧바로 고귀한 '집사'(deacon) 직분에 필요한 자격을 설명한다.

> "이와 같이 집사들도 정중하고 일구이언을 하지 아니하고 술에 인박히지 아니하고 더러운 이를 탐하지 아니하고 깨끗한 양심에 믿음의 비밀을 가진 자라야 할지니 이에 이 사람들을 먼저 시험하여 보고 그 후에 책망할 것이 없으면 집사의 직분을 맡게 할 것이요 여자들도 이와 같이 정숙하고 모함하지 아니하며 절제하며 모든 일에 충성된 자라야 할지니라 집사들은 한 아내의 남편이 되어 자녀와 자기 집을 잘 다스리는 자일지니 집사의 직분을 잘한 자들은 아름다운 지위와 그리스도 예수 안에 있는 믿음에 큰 담력을 얻느니라."

디모데전서 3장은 장로와 집사의 자격이 여러 지점에서 겹치고 있음을 보여 준다. 의미심장하게도 장로는 '가르치기를' 잘해야 한다면서도(딤후 2:24) 집사에게는 그런 자질을 요구하지 않았다. 그 대신, 집사는 "일구이언을 하지 아니하고 더러운 이를 탐하지" 아니해야 한다고 했다. 장로를 포함해 모든 크리스천에게 필요한 성품이지만 특별히 집사와 관련해 이 자질을 언급한 것이다.

집사들은 혀를 남달리 잘 다스려야 했다. 야고보의 이야기를 들어 보자. "혀는 곧 불이요 불의의 세계라 혀는 우리 지체 중에서 온몸을 더럽히고 삶의 수레바퀴를 불사르나니 그 사르는 것이 지옥 불에서 나느니라"(약 3:6). 거짓말, 과장, 빈정거림, 험담, 폭로를 비롯해 부적절하게 내뱉은 말 때문에 우리가 입기도 하고 입히기도 한 손상을 감안할 때, 이는 지나친 얘기가 아니다. 집사는 교사가 아니다. 가르치는 건 기본적으로 장로의 몫이다. 하지만 사람들의 삶에 깊이 개입하는 일을 하게 되므로 혀를 제어해야 마땅하다.

여기에 언급된 특별한 자질들을 보면 집사 노릇의 본질을 가늠할 수 있다. 집사의 역할이 꽃과 과일 바구니를 가져다 놓고 설교 테이프를 재빨리 끼우고 뽑는 정도라면 이런 자질을 특별히 중요하게 여길 이유가 없을 것이다. 그러나 도움이 필요한 이들을 한층 깊은 차원에서 만나고자 한다면, 주리고 목마르고 애타게 친구를 찾고 온갖 도움을 갈구하는 이들을 이해하려 한다면 혀와 귀를 잘 다스려야 하며 특히 재물에 대해 민감해질 필요가 있다.

장로교회와 개혁교회에서는 집사가 감당해야 할 직무의 근거를 사도행전 6장에서 찾는다. 초대교회가 확장, 발전되어 가는 동안에는 사도들이 주님으로부터 부여받은 권위를 가지고 교회의 활동 전반을 직접 감독했다. 하지만 사도행전 6장에서는 헬라파 유대인들이 과부들이 매일의 구제에 빠지므로 히브리파 사람을 원망하는 문제가 생겼다. 사도들은 크리스천들을 한데 모으고 그 가운데 일곱 명을 뽑아 구제하는 일을 적절히 처리하게 하고 사도들은 기도와 말씀 사역에 전념할 수 있게 했다.

따라서 오늘날 집사 역시 갖가지 어려움을 겪고 있는 이들을 돕고 장로들이 '기도와 말씀 사역'에 집중하지 못하게 만드는 이런저런 일들에서 벗어나게 해 주는 일을 해야 한다고 본다. 사실, 집사들이 제 몫을 다한다면 당회에서 처리해야 할 사항이 훨씬 줄어들 것이다. 어쩌면 '위험', '장로', '가르침', '다스림' 따위를 의식하는 탓에 집사들이 주어진 고귀한 부르심을 마음껏 수행하지 못하고 머뭇거리는지도 모른다.

집사들이 임명된 뒤에도 사도들은 계속해서 가난한 이들과 과부들, 그리고 어려운 처지에 있는 이들을 보살피는 사역에 깊은 관심을 기울였다(행 11:29-30). 크리스천이라면, 심지어 사도들이라 할지라도 가난하고 형편이 어려운 이들, 불우하고 낙담한 이들에 대한 책임을 남에게 떠넘길 수 없다. 교단 본부나 지역 교회 집사회에만 맡길 수 없다. 그러므로 집사는 급변하는 현대 사회에서 중요한 책임을 가지고 있다. 자비 사역을 계획해야 하고, 교회 구성원들을 움직여 다른 이들의 삶을 보살피도록 만드는 하나님의 통로가 되어야 한다.

집사들이 모든 하나님의 백성과 교회들이 스스로 주도하는 자비 사역을 가동시키는 일을 자신의 역할로 인식하기만 해도 고통 속에 살아가는 숱한 이들의 삶에 축복이 넘치게 하는 역사의 첫걸음을 디딘 셈이다.

집사, 세상에서 섬기는 이로 부름받다

교회의 선임을 받은 집사들은 복음 사역의 다른 측면들에도 깊은 관심을 두었다. 사도행전 6장에서 집사로 임명을 받은 스데반은 사도행전 7장에서 죽음을 맞는다. 기독교 역사를 통틀어 첫 번째 순교자였다. 처음 뽑힌 일곱 집사 가운데 하나였던 빌립(전도자 빌립) 역시 개인 전도와 대중 선교에 뛰어들었다(행 8장). 오늘날 집사의 뿌리를 거슬러 올라가면 섬김을 위한 순교의 피흘림을 만나게 된다.

집사의 직분은 예수 그리스도 아래 있는 고귀한 부르심이다. 집사들 가운데 몇몇은 나중에 장로가 되기도 하지만, 집사는 장로가 될 훈련을 하는 자리가 아니다. 중요도가 떨어지는 보조적인 직분도 아니다. 교회가 생존하는 데 절대적이고 결정적인 역할을 한다. 웨스트민스터 신앙고백을 기초한 입안자들은 장로의 의무와 노회의 권한을 두고 여러 달에 걸친 토론을 벌였지만, 집사 직에 관해서는 하루 만에 결론을 내렸다.

하지만 오늘날 일부 장로교회들은 집사회를 해산하거나 헌금을 거두고 교회를 관리하는 수준으로 역할을 축소하고 있는 형편이다. 세상에는 절박한 처지에 몰린 이들이 차고 넘치는데, 스스로 본보기가 되어 깊이 공감하는 사랑으로 교회에 도전을 주고 앞장서 사역을 이끌어 갈 기민하고 창의적이며 헌신적인 집사들이 모자라기 일쑤라는 건 얼마나 비극적인가!

리드(J.K.S. Reid)는 "칼뱅 사상 속의 디아코니스"(Diakonis in the Thought of Calvin)라는 글에서 단호하게 주장한다. "오늘날 교회를 부흥시키는 데 있어서, 목회는 곧 섬김이라고 강조했던 칼뱅 특유의 인식을 되살리는 것만큼 더 효과적인 게 또 있을지 의심스럽다. 목회를 계급의 틀에 가두고 섬김이라는 본질적인 성격을 외면하는 율법주의가 온 교회를 오염시키고 있다."[1]

리드는 '과부를 돌보는 일'이 중요하지 않아서 집사들에게 위임한 게 아니라고 못 박아 말한다. 사실, 돌봄은 복음 사역에서 아주 중요한 일이었다. 사도들로서는 말씀 사역과 자비 사역이라는 두 가지 필수적이고 결정적인 사역을 동시에 감당할 시간이나 에너지가 없었을 따름이다. 고귀한 집사의 직분을 폄훼하는 건 실질적으로 이단이나 다름없다.

오늘날 집사 직분이 낮은 지위를 차지하게 된 건 인간의 소산이지 하나님의 뜻은 아니다. "제2차 세계대전이 터지고 독일의 지배를 받게 되자 네덜란드 개혁교회의 집사들은 발 벗고 나서서 정치적으로 핍박받는 이들에게 먹을거리를 가져다주고 은신처를 제공해 가며 보살폈다. 진상을 파악한 독일은 선출직 집사 제도를 폐지하라고 명령했다. 1941년 7월 17일, 개혁교회 총회는 다음과 같이 결의했다. '집사 직분을 건드리는 자는 누구든 그리스도가 교회의 임무로 제정하신 일을 가로막으려는 것이다.… 디아코니아(diakonia)에 손을 대는 자는 누구든 예배에 손을 대는 셈이다.' 이쯤 되자, 독일도 뒤로 물러날 수밖에 없었다."[2]

그런데 우리는 집사회를 낡은 제도로 치부하고 하나님 나라 사역에 필수적이라고 보기 어려운 사소한 역할을 맡기고 있다. 집사들에게 고귀한 부르심으로 도전하기에 가장 좋은 시점은 따로 없다. 언제나 지금이 최적기다.

지금까지 우리는 세 가지를 배웠다. 첫째, 예수님은 집사 사역을 독특한 방식으로 실천해 보이셨으며 크리스천들이 집사의 사랑과 관심을 표현하길 요구하신다는 사실을 살펴보았다. 둘째, 아울러 신약성경은 '집사'라는 특별한 교회 직분을 언급하고 있으며 이들에게는 직분과 임무를 수행하는 데 필요한 자질이 있음을 알게 되었다. 셋째, 또한 집사의 책무를 지나치게 좁게 규정해선 안 되며 곤궁하고 죽어 가는 세상에서 섬김과 보살핌을 베푸시려는 하나님의 계획 속에서 그 의미와 중요성에 깊은 관심을 가져야 한다는 사실도 배웠다.

집사는 무엇을 해야 하는가

그렇다면 이제 집사는 무슨 일을 하는가? 예수의 이름으로, 외롭고 병든 이들, 노쇠한 이들, 남편을 잃고 홀로 남은 여인들, 죽어 가는 이들, 가난하고 궁핍한 이들을 보살핀다. 크리스천들 가운데 "집사회(board of deacons)는 하나님의 교회에 속한 궁핍한 이들에 대해서만 책임이 있다"고 주장하는 이들이 더러 있다. 두말할 것도 없이 이런 문제 제기 자체가 바리새인의 위선으로 흐를 위험이 있다.

율법학자들은 "누가 내 이웃입니까?"라고 물었다. 풀이하자면 "누구한테 사랑을 베풀어야 합니까?", 또는 "이웃의 범위를 얼마나 넓게 잡아야 합니까?", "사랑을 베푸는 지리적, 물리적 한계는 어디까지입니까?"라고 물은 꼴이다. 랍비들이 대답하기 곤란한 질문이었다. 다른 바리새인이나 경건한 유대인, 또는 모든 유대인만 사랑한다고 하면 사마리아인이나 이방인은 이웃에서 확실히 제외될 수밖에 없으며, 원수는 더욱 언급할 가치조차 없게 된다.

하지만 예수님은 그 뒤를 따르는 제자가 되려고 한다면 남녀노소 가리지 않고 만나는 모든 이들에게 이웃이 되느냐 여부가 결정적인 이슈라는 점을 분명히 하셨다.

집사회가 교인만을 섬김의 대상으로 삼는 교회들은 W.A. 화이트하우스(Whitehouse)의 경고를 유념해야 한다. "… 교회 공동체에 한정된 자기만족적인 봉사는 증거력을 잃었으며 근친상간 비슷한 얼룩으로 속성 자체가 망가지고 말았다."³ 아마도 초대교회 크리스천들 사이에는 가난이 만연해 있어서 형제자매들의 다급한 필요에 특별히 신경을 써야 했을 것이다. 사역 마당은 오로지 교회 울타리 안쪽이어야 한다고 믿었던 집사회가 회중의 필요에 마음 깊이 공감하는 한편, 인종적으로 심한 압박에 시달리거나 가난의 무게에 짓눌린 하나님의 가족들을 섬기는 법을 가르쳐 줄 만한 능력이 있는 이웃 공동체의 크리스천들을 보고 배우기 시작한다면 풍성하고 효과적인 사역을 가꿔 나갈 수 있다.

그럼 집사는 무슨 일을 해야 한다는 말인가? 구체적인 답은 이웃의 성격에 따라 달라진다. 교회라는 안락한 보호망을 벗어나면 쪽방에서 지내는 외로운 이들, 끼니를 걱정하는 가난한 이들, 부모를 잃은 어린이들, 아무도 찾아오지 않는 요양원 사람들(한 간호사는 피츠버그요양원 식구들 가운데 방문자가 전혀 없는 사례가 어림잡아 80퍼센트에 이른다고 했다), 희망을 잃고 되는 대로 살아가는 이들이 눈에 들어올지 모른다.

집사회는 온 교인이 자비 사역에 참여할 수 있도록 이끌어야 한다. 올바르게 기능하는 집사회라면, 하나님이 그 속에 들어가 제몫을 다하라고 명령하시는 이웃을 돌아보고 창의적인 관심을 기울이지만, 그와 동시에 교인 하나하나가 모두 다른 이들을 위한 사역에 참여할 명확한 기회를 부여할 계획을 세우는 데도 똑같은 창의성을 발휘할 것이다. 사도들은 일곱 집사를 세운 뒤에도 어려움에 처한 이들을 돕는 사역을 멈추지 않았다. 누군가 앞장서 이끌어 주기만 기다리는 크리스천들이 숱하게 많은데, 섬김에 동참할 특권을 아예 차단해 버리는 건 얼마나 비극적인 일인가!

복잡다단한 현대 사회에서 교회, 적게는 크리스천 하나하나가 '큰' 문제들에 눈길을 주어야 한다. 가난은 그 원인을 근본적으로 바로잡지 않는 한 사라지지 않는다. 굶주린 이들에게 먹거리를 마련해 주는 사역도 반드시 필요하지만 곡창지대가 불모지로 변하고 있는 현실에도 관심을 쏟아야 한다. 종교개혁자들은 주린 배를 움켜쥔 빈민들을 도우려 안간힘을 쓰면서도 근본적인 문제를 겨냥한 시선을 놓치지 않았다. "칼뱅은 … 넘쳐나는 노동력을 흡수하고 걸식생활자들을 청산하기 위해 제네바에 실크 산업을 일으키자고 앞장서 제안했다."[4]

도시 문제를 다루는 데는 연구와 성찰, 기도가 필요하다. 앨런 브래시(Alan A. Brash)가 아시아 도시들을 두고 했던 이야기는 우리에게도 그대로 적용될 수 있다. "교회들은 도시 문제를 극복하기 위해 진지하게 씨름하지 않았다. 충분히 칭찬받을 일이기는 하지만 문제의 핵심과는 동떨어진 자선행사를 기획하는 따위의 부차적인 사안에 소중한 자원을 허비했다. 그런 식의 섬김은 도시 전반의 상태를 바꾸거나 수치든 영광이든 서둘러 결판을 내는 데 거의, 또는 전혀 영향을 미치지 못했다. 문제의 다차원적인 속성 탓에 교회는 활동을 멈춘 채 얼어붙고 만 것이다."[5]

　교회가 다양한 정치 이슈들에 대해 의견을 내고 입장을 밝히는 걸 곱지 않은 눈으로 보는 이들이 적지 않다. 하지만 그렇다고 해서 생사가 걸린 세상사에 긍정적으로 기여할 지혜를 찾는 노력까지 막아서는 안 된다(가령, 집사회는 소액을 거두는 수준 이상의 헌금을 모으는 노력의 일환으로 기아 대책 기금 마련 연간 모금 운동을 추진할 권한을 요구할 수도 있다).

성경대로 따른다면 어떤 일이 생기는가

　집사들이 성경의 가르침을 따른다면, 다시 말해 교회가 섬김의 공동체로 제 몫을 다하게 된다면 어떤 일이 생길까? 첫 번째 열매는 크리스천들이 서로 그 어느 때보다 단단하게 연합하게 된다는 점이다. 장 칼뱅은 "사역은 … 크리스천들을 지속적으로 묶어 한 몸이 되게 하는 원동력"이라고 했다.

　적극적인 집사 사역의 두 번째 열매는 인간을 위해 예수님이 감당하신 집사 사역에 합당하게 반응하게 된다는 점이다. 주님은 섬기셨다. 그리고 이제 우리가 섬긴다. 사실, 그리스도가 그분의 몸인 교회, 곧 크리스천들을 통해 섬기시는 것이다. 자비 사역이 없는 몸은 지극히 불완전하다. 교회는 마치 팔이 없어지기라도 한 듯, 서서 걷고 달리려하지만 이내 혼란스럽고 불안정한 상태에 빠지고 만다. 손길이 닿는 모든 인간과 사물들에 어떻게 거룩한 선물이 미치는지 두 눈으로 확인하는 그날까지, 우리는 집사 사역을 통해 두렵고 떨리는 마음으로 주님의 구원을 이뤄 간다. 주님의 몸과 닿는 지점마다 세상은 예수 그리스도를 통해 보여 주신 하나님의 사랑을 목격하고 피부로 느끼게 된다.

세 번째 열매로, 중보기도에서 위선을 걷어내게 된다. 실제로는 어려움에 처한 이들을 도울 기회들을 외면하면서 기도할 때는 다른 이들의 필요를 위해 간구하는 이율배반에서 자유로워진다. 하나님 앞에서 하는 말과 인간에게 하는 행동이 일치하게 된다. 이쯤 되면, 스스로 기도할 뿐만 아니라 기도와 관심이 필요한 상황들을 교인들과 나눌 줄도 아는, 그야말로 중보기도 전문가라고 할 수 있다.

그리고 지금까지 크게 주목받지 못했던 열매가 있는데, 바로 뭇사람들이 도움을 받는다는 점이다. 예수님은 세례 요한의 제자들에게 자신이 그리스도임을 보여 주는 증거로 "맹인이 보며 못 걷는 사람이 걸으며 나병환자가 깨끗함을 받으며 못 듣는 자가 들으며 가난한 자에게 복음이 전파된다"는 사실을 제시했다. 숱한 이들이 보살핌을 받고 있는데, 바로 그 일을 위해 세상에 왔다고 말씀하신 것이다. 사람들은 신체적으로, 영적으로도 도움을 받는데 그게 그리스도와 그분의 몸이 존재하는 이유다.

집사가 되는 일, 고귀한 특권

'집사가 되는 일'은 크리스천의 위대한 사명이다. 주님을 섬기는 고귀한 특권을 누렸던 이들의 후계자로서 그리스도의 주권 아래서 다른 이들을 섬길 수 있다. 사탄의 시험이 끝나자 "천사들이 와서, 예수께 시중을 들었다"(deaconed). 주님이 병을 고쳐 주시자 베드로의 장모는 "일어나서 예수께 시중을 들었다"(deaconed). 예수님을 직접 섬긴다는 건 고귀하고도 거룩한 특권이다. 십자가 사건의 현장에서는 여인들이 서서 지켜보고 있었다. "그들은 예수께 시중을 들면서(deaconed) 갈릴리에서 따라온 사람들이었다. 그들 가운데는 막달라 출신 마리아와 야고보와 요셉의 어머니 마리아와 세베대의 아들들의 어머니가 있었다." 예수님을 섬길 기회를 갖는다는 건 얼마나 큰 축복인가!

교회가 그 기회에 주목하지 않고, 부르심에 응답하지 않으며, 예수님을 몸소 섬기지 않고, 주님께 봉사하지 않는다면 얼마나 비극적인가! 크리스천들이여, 타고난 장자의 권리, 더없이 고귀한 섬김의 유산을 포기하지 말라! 집사들이여, 하나님의 고귀한 부르심에 몸을 사리지 말라!

조지 풀러(George C. Fuller)
웨스트민스터신학교 전 총장

온전한 교회를 위해
세움받은 이들에게

1983년, 전국 장로교 및 개혁주의협의회(National Presbyterian and Reformed Fellowship)는 조지 풀러와 팀 켈러(Timothy Keller)가 편집한 *A Sourcebook of Mercy for Deacons*(집사용 자료집)를 펴냈다. 바로 그 자료가 이 책의 토대인 셈이다.

팀 켈러는 미국 장로교단(Presbyterian Church in America)의 집사 사역 프로그램을 총괄하며 집사들을 위한 책의 필요성을 깨닫고 이 책을 집필했다. 당시 그는 북미선교부(Mission to North America)의 스태프로 사역하면서도 웨스트민스터신학교의 교수로 실천신학 분야를 지원하는 한편, 목회학 박사 과정을 조율하는 일을 맡고 있었다.

이 책에 실린 글 가운데 절반 정도는 앞서 언급한 자료집에서 가져왔다. 팀 켈러는 이 자료집에 완전히 새로운 글들을 보태 지역 교회 차원에서 자비 사역을 이끌어 갈 일종의 '싱크 탱크'를 만들어 냈다.

이 매뉴얼에는 40편 정도의 짧은 글들이 들어 있다. 집사 사역 또는 자비 사역의 다양한 측면들을 다루는데, 아주 간단하고 기초적인 내용이 대부분이다. 관심을 가지고 참여하는 교인들이 한 편씩 활용해 지역 교회에 적용할 실행 계획을 세울 수 있도록 설계했다. 일종의 도약판인 셈이다.

교회마다 이 책을 교재로 사용해 처음부터 끝까지 빼놓지 않고 연구하면 좋겠다. 그런 다음에 교회와 공동체가 당면한 상황을 바탕으로 우선순위를 세우길 권하고 싶다. 현시대의 우리는 하나님이 우리 각 사람과 교회를 향해 품으신 뜻을 최우선으로 반영해야 한다.

엄청난 양의 아이디어와 사역들이 이 책에 제시되어 있지만 미리 겁내지 말라. 자칫하면 책을 덮게 될지도 모른다. 그런 폐단을 막자면 처한 자신이 형편을 고려해 우선순위를 세울 필요가 있다.

자비 사역의 범주에 드는 일들은 대부분 교육과 훈련이 필요하다. 그래야 돌보는 이들이 이 중요한 사역의 필요성을 인식하고 동역자로 자리 잡도록 도울 수 있다.

독자들은 마치 광맥을 캐듯 여기서 기독교 사역이 소홀히 여기는 여러 분야에 관한 아이디어와 자료들을 얻을 수 있을 것이다. 이 책은 크게 네 갈래로 나뉘는데, 전체를 한꺼번에 공부해도 좋고 한 번에 한 갈래씩, 또는 한 부분씩 익혀 나가도 좋다.

이 책을 대하는 이마다 자비 사역을 더 깊이 알아서 스스로 동참하고자 하는 뜻이 생기길 바란다. 개혁주의와 복음주의 진영은 지난 10년간 복음의 사회적인 의미를 새기고 적용 문제를 진지하게 성찰하려 노력해 왔다.

이 땅의 교회가 하나님의 날 선 검이 되고 주님의 뜻을 효과적으로 펼쳐가는 사역을 감당하려면 자비 사역을 중심으로 삼아야 한다. 이 책과 여기 실린 사역 아이디어들이 독자들에게 큰 도움이 되길 기대하며 추천한다.

찰스 도나휴(Charles Dunahoo)

미국 장로교 기독교 교육 및 출판위원회의 코디네이터,

《하나님 나라의 제자》 저자

Resources for
Deacons

Part 1

집사 사역의 성경적 근거

교회의 기초를 세우다

1

복음 사역의 한 축,
자비 사역을 맡다

자비 사역의 책임

하나님의 눈은 가난하고 연약한 이들에게 향해 계신다. 창세기부터 초대교회에까지 우리 중에 가난한 이가 없기를 원하시는 뜻을 헤아리며, 그 사역을 우리에게 맡기셨음을 살펴볼 것이다.

창조

아담은 자연계 전체를 정복하고 다스릴 책임을 맡았다(창 1:28). 따라서 영적, 물리적 피조물들을 하나님의 통치 아래 복속시켜야 했다. 하나님의 일꾼들은 영적인 질병을 다스리고 그 영적 요구를 충족시키는 데 관심을 기울여야 하지만 아울러 몸의 병을 치료하고 신체적인 필요를 채우는 데에도 신경을 써야 한다. 두 사역 모두 주님께 드리는 언약적인 섬김의 토대가 된다.

타락

아담이 죄를 지으면서 자연은 더 이상 고분고분 인간의 통제를 받아들이지 않았다. 질병, 죽음, 굶주림, 헐벗음 따위가 인간의 삶에 들어왔다(창 3:17-19, "땅은 너로 말미암아 저주를 받고 … 평생에 수고하여야 … 너는 … 흙으로 돌아갈 것"). 성경은 타락에 관해 이야기하자마자 곧 '벌거벗은 이에게 옷을 입힐' 필요성을 언급한다. 타락과 더불어 벌거벗음 모두 주님께 드리는 언약적인 섬김의 토대가 된다.

족장 시대

하나님이 가난하고 어려운 처지에 빠진 이들에게 자비를 베풀기를 요구하신다는 사실을 욥은 알고 있었다(욥 29:15-16, 31:16-23). 소돔은 가난한 이들을 보살피기를 내켜하지 않았다가 멸망당했다(겔 16:49). 총리가 된 요셉은 수없이 많은 사람을 굶주림에서 건져 내(창 47:53-57) 모든 민족이 복을 받는 통로가 되었다(창 12:3).

초기 이스라엘

하나님은 언약 공동체 안에 영구적인 가난이 없기를 바라신다(신 15:4-5, "네가 만일 네 하나님 여호와의 말씀만 듣고 … 그 명령을 다 지켜 행하면 … 너희 중에 가난한 자가 없으리라"). 하나님은 다음과 같은 법을 제정하셨다.

사회구제법

기름 부음 받은 성직자는 가난한 이들에게 십일조를 나눠 주어야 한다(신 14:28-29). 일반인들 역시 가난한 친족(레 25:25)과 이웃들(레 25:35-38)이 어려운 처지에서 벗어날 때까지(신 15:8, 10) 보살펴야 한다. 이는 일회적인 구호 활동이 아니다.

경제개발법

종살이하던 남녀가 노역에서 풀려날 때는 자립할 수 있도록 도구와 곡식을 주어야 한다(신 15:12-15). 50년마다 모든 토지를 원래 분배받은 가족에게 되돌려서 가난한 이들에게 제힘으로 먹고살 '자산'을 꾸준히 제공해야 한다(레 25장).

사회 구조와 제도 수립

가난한 이들을 보호하기 위한 사회 구조와 제도들이 만들어졌다. 7년마다 안식년을 두어 모든 빚을 탕감해 주었다(신 15:11). 희년에는 땅을 돌려주었다(레 25장). 법으로 공정한 임금과 상거래를 규정했다(레 19:13, 35-37).

후기 이스라엘

선지자들은 가난한 이들을 보호하는 율법을 무시하는 이스라엘 백성을 매섭게 꾸짖었다(사 5:8-9, 3:11-26, 암 6:4-7). 아울러 진심에서 우러난 참 신앙은 늘 가난한 이들에게 민감하게 반응하는 모습으로 드러난다고 가르쳤다(사 1:10-17, 58:3-11).

세상에 오신 그리스도

예수님은 섬김을 받기 위해서가 아니라 섬기러 오셨다.

- 예수님은 병자를 고치고 가난한 이들에게 복음을 선포하는 일로 메시아이심을 확증하신다(마 11:1-6).
- 예수님은 따르는 이들을 모두 '집사'(deacon)라고 부르셨다. '디아코네스'(Diakones)는 다른 이들의 지극히 미미하고 기본적인 필요를 채운다는 의미다(눅 22:24-30). 마태복음 25장 44절, 27장 55절, 누가복음 8장 3절에서 보듯, 육신의 필요를 충족시킨다는 뜻을 지니고 있다. 마지막 심판 날에는 가난한 이들을 보살폈느냐를 기준으로 믿음의 실상을 검증받게 될 것이다(마 25:44-46). 자비는 하나님의 은혜를 입은 이들이 보이는 자연스러운 반응이기 때문이다(눅 6:35-36).
- 예수님은 질병에 시달리는 이들, 또는 세상에서 버림받은 이들 사이에 들어가 함께 어울리셨다. 그렇게 교제하는 모습을 직접 보여

주시면서 사람들을 자비 사역으로 초대하셨다(마 12:7).

새 언약 공동체에 요구되는 사회 정의는 옛 언약 공동체가 준수해야 했던 사회적 법규들과는 아예 차원이 다르다.

- 가난한 이들의 어려움이 가실 때까지 도움을 베풀어야 한다(요일 3:16-17, 신 15:7-8).
- 위임받은 일꾼들(집사들)은 지난날 제사장들과 마찬가지로 궁핍한 이들에게 필요한 것들을 나눠 주었다(행 6:1-7, 특히 7절을 보라).
- 공동체의 부유한 구성원은 다른 크리스천들의 생활 수준과 '균등해질 만큼' 베풀고 나눴다(고후 8:13-14, 행 4:32-37).

집사로서 마땅히 해야 할 일
지금까지의 내용을 정리하면 다음과 같다.

- 예수님은 모든 피조물을 하나님께 복종하게 하는(엡 1:9-10) 진정한 아담이다(롬 5:15-21). 그러므로 크리스천은 온 천하가 그리스도께 순종하게 만드는 동역자들이다(마 28:18-20).
- 또한 예수님은 빈궁한 이들에게 자비를 베푸시는(히 4:14-16) 참다운 대제사장이다. 그러므로 크리스천들은 자비를 베풀어 하나님을 기쁘게 해 드리는(히 13:3-16) 충성스러운 제사장들이다(벧전 2:9-10).
- 예수님은 가난한 이들과 하나가 되시고(고후 8:9) 엄청난 대가를

치르면서 자신을 쏟아부어 세상을 섬기는(막 10:45) 위대한 집사시다(롬 15:8). 그러므로 크리스천은 집사로서 서로 발을 씻어 주며 겸손하게 섬겨야 한다(마 20:26-28, 갈 6:10).

═══════════ 함께 나눌 질문들 ═══════════

1. "'집사로 섬기는'(deaconing) 일은 마음가짐과 행동을 다 아우른다." 이 말을 성경적으로 정리해 보라.

2. 자신의 교회를 돌아보라. 개인적인 불의에 해당하는 죄(간음, 술 취함)에는 눈을 부릅뜨면서 사회적인 불의(탐욕, 호화로운 삶을 추구하는 마음 등)에는 눈감고 있지 않은가? 선지자들(사 5:8-9, 3:11-26, 암 6:4-7)은 이 두 범주의 죄악 가운데 어느 쪽 태도를 지적하고 있는가?

2

은혜 입은 자,
하나님 사랑의 통로가 되다

자비 사역의 참뜻

집사에게 주어진 가장 큰 역할은 자비 사역이다. 먼저 그 정의를 자세히 살펴보고, 이를 행하기 위해 치러야 할 대가를 성경 속에서 찾아볼 것이다. 집사 사역, 또는 자비 사역은 행동으로 인간적인 필요를 채우는 일을 말한다.

'집사적인'(diaconal) 섬김의 초점은 인간적인 필요다

마태복음 25장 35-36절에서, 예수님은 먹거리, 잠자리, 전문가의 치료를 비롯해 그런 부류의 필요를 예를 들어 보여 주신다. 본질적으로는 신체적이거나 경제적 필요들이지만 그 배경에는 귀 기울여 주는 상대, 친절, 우정 같은 요소들을 깔고 있다("내가 … 나그네 되었을 때에 영접하였고 … 옥에 갇혔을 때에 와서 보았느니라").

'인간적인 필요'란 무엇을 말하는가? 거기에는 다음과 같은 공통점이 있다.

첫째, 스스로, 또는 다른 이들을 들여다보는 영적 분별력이 있어야 알아챌 수 있는 결핍이 아니다. 오히려 감각적으로 '감지되는' 필요들이다. 크리스천들이 그런 요구를 충족시켜 주고 있으면 세상은 지금 무슨 일이 진행되고 있는지 금방 알 수 있다. 그러기에 자비 행위는 세상에 영향을 주기 마련이다(마 5:16).

둘째, 이런 필요들은 그리스도께 돌아오거나 주님 안에서 성장한다고 해서 곧바로 채워지지 않는다. 거듭난 이들도 굶주리게 되면 그리스도를 모르는 이들과 다름없이 곧 숨지고 만다.

인간적인 필요는 기본적으로 말이 아니라 행동을 통해 채워진다

성경은 예수님을 일컬어 '말과 일에 능하신' 분이라고 전한다(눅 24:19). 그러므로 교회의 사역 역시 '양면적'(two-pronged)이다. 영적인 은사들은 크게 두 범주로 나눌 수 있다.

하나는 권면, 가르침, 전도를 비롯한 말의 은사이고, 다른 하나는 자비, 섬김, 도움, 다스림 같은 행위의 은사다. 베드로전서 4장 10절을 보라. 심지어 교회에는 이 두 '갈래' 사역을 감독하는 상설 직분까지 있었다. 장로는 말씀 사역을 총괄하는 반면, 집사들은 행위 사역을 조정했다(행 6:1-6).

인간적인 필요들은 말보다 행동을 통해 채워진다. 야고보는 행위 사역이 긴요할 때 말씀 사역을 해서는 안 된다고 경고하기까지 한다(약 2:15-16). 하지만 말씀 사역과 행위 사역은 둘로 갈라놓을 수 없다. 집사의 섬김에는 위로의 말씀(눅 7:13)과 복음 선포(요 9:1-38)가 둘 다 있어야 한다.

자비 사역의 동력, 은혜

참다운 자비 사역은 그럴 만한 자격이 없는 죄인들을 향해 베푸신 하나님의 은혜가 얼마나 풍성하고 깊은지 마음 깊이 이해하면서 시작된다.

집사 사역, 또는 자비 사역은 치러야 할 대가가 크다

재정적·정서적으로 비싼 비용을 내야 한다. 시간 소모는 좀 큰가! 일반 사회복지 분야에서도 관계자들의 '탈진'이 심각한 문제로 대두되고 있다. 크리스천들은 이처럼 값비싼 사역을 시작해서 끈질기게 이어 나갈 동력을 어디서 얻을 수 있는가?

자비 사역에는 참여자를 움직여 섬기게 하는 강력한 동력원이 있다

하나님의 은혜에 대해 깊고도 절절하게 깨달아 아는 마음이다. 마태복음 18장 23-35절에서 그 실체를 볼 수 있다. 예수님은 가늠하기조차 어려울 만큼 큰 하인의 빚을 탕감해 준 임금의 비유를 들려주신다. 하지만 그 하인은 자신에게 빚을 진 동료를 용서하지 않았다. 임금은 노여워하면서 하인에게 묻는다. "내가 너를 불쌍히 여김과 같이 너도 네 동료를 불쌍히 여김이 마땅하지 아니하냐?" 우리에게 베푸신 하나님의 자비를 눈곱만큼이라도 깨달았다면 다른 이들을 섬기는 데 들어가는 시간과 비용을 아까워하지 않을 것이다.

고린도후서 8장 2-3절에도 그 원리가 나타난다. 여기서 바울은 마케도니아의 크리스천들이 '극심한 가난'에도 불구하고 예루살렘의 빈곤한 이들을 위해 넘치도록 헌금한 사실을 이야기한다. 여기에 사용된 표현은 마케도니아의 성도들이 경제적으로 예루살렘의 궁핍한 이들에 비해 나을 바가 전혀 없었음을 가리킨다. 너무 풍요롭게 사는 게 죄스러워서 연보를 보낸 게 아니라는 데는 두말이 필요 없다. 마케도니아 크리스천들이 자비 사역에 나서게 만든 원동력은 아낌없이 자신을 쏟아부어 구원해 주신 그리스도의 은혜를 '알았다는' 사실이었다.

첫째, 그리스도는 "내 피는 내 것이야! 허투루 흘려 버릴 이유가 없지!"라고 말씀하지 않으셨다. 그러므로 크리스천은 수중의 재물을 마치 제 것인 양 단단히 쥐어서는 안 된다.

둘째, 그리스도는 "이들을 위해 피를 흘리다니! 이 죄인들은 그럴 만한 가치가 없어!"라고 말씀하지 않으셨다. 그러므로 크리스천은 상대가 그만한 '가치'가 없다는 이유로 형편이 어려운 이들에게 자비 베풀기를 주저해선 안 된다.

셋째, 그리스도는 "인간들은 내 구원을 남용할 거야!"라고 말씀하지 않으셨다. 숱한 이들이 그분의 피를 거부하고 심지어 더 많은 죄를 짓는

핑계로 삼으리라는 사실을 주님은 알고 계셨다. 그런데도 예수님은 이 땅에 오셨다. 그러므로 이편의 도움을 상대가 오용하거나 악용할 소지가 있다 해서 자비 베풀기를 마다해선 안 된다. 집사의 섬김은 은혜에 대한 자연스러운 반응이므로 하나님은 심판의 날, 빈궁한 이들에게 행한 자비 행위를 살피시고 실제로 그 결과에 따라 참과 거짓 크리스천을 가리실지도 모른다(마 25:34, 약 2:12-14). 가난한 이들을 불쌍히 여기지 않는 크리스천은 은혜의 복음을 모르는 셈이다.

자비 사역을 향한 마음을 확장시킬 필요가 있다

자비를 베풀고자 하는 동기는 진정한 크리스천들의 마음에 늘 존재하기 마련이다. 그러나 대부분은 희미하고 연약하다. 그러므로 키우고 성숙시킬 필요가 있다.

바울은 에베소교회를 위해 기도하면서 유산의 풍성함과 하나님의 사랑을 알게 되기를 소원했다(엡 1:18, 3:19)

사실적인 지식으로는 에베소의 크리스천들도 이미 알고 있는 일들이었다. 하지만 바울은 한 걸음 더 나가서 "마음의 눈을 밝혀 주시길" 간구했다. 이는 진리가 점점 더 깊이 파고들어 정신을 압도하고, 감정을 불타오르게 하며, 의지를 견고하게 만드는 걸 가리킨다.

마케도니아의 크리스천들은 예수 그리스도의 은혜를 '알았다'(고후 8:9). 마케도니아 교인들에게 그리스도의 은혜는 단순한 관심거리 차원이 아니었다. 그들에게 은혜는 마음을 설레게 하고, 녹이기도 하고 때로는 단단하게도 했다. 자비를 실천하지 않고는 견딜 수가 없는 지경이었다.

하나님이 베풀어 주신 은혜의 실체에 더 깊이 다가설수록 자비를 실행하고자 하는 욕구도 점점 깊어진다

하나님의 은혜에 대한 교리적·영적 이해가 넓어지면서 자비를 베풀고자 하는 동기가 갈수록 커지면 섬김에 필요한 넉넉한 원동력으로 작용하게 된다. 그런 이해가 없으면, 집사 사역자들은 그리스도를 좇아 가난한 이들에게 관심을 쏟는 일에 지나치게 낙담하고, 지치고, 냉소적으로 변하기 쉽다.

═══════════ 함께 나눌 질문들 ═══════════

1. '넘치도록 받은 자는 넘치도록 사랑하게 마련이다.' 당신을 향한 하나님의 자비를 묵상해 보라. 그리고 당신이 이웃에게 자비를 베풀고자 하는 동기를 살펴보고 나누라.

2. 자비 사역의 동력을 더 강화하기 위해 교회에서 구체적으로 어떤 일들을 할 수 있는가?

3

왜 아낌없이
베풀어야 하는가

자비 사역에 대한 반론

자비 사역을 행함에 앞서 우리를 멈칫하게 만드는 대표적인 질문이 있다. "누구를 도와야 하는가?"와 "도울 형편이 되는가?"이다. 이 두 가지 질문에 대한 이해와 그에 대한 답을 살펴볼 것이다.

"사실, 교회에는 형편이 어려운 이들을 도울 시간과 돈이 없다!"
이에 대한 답변은 먼저 스스로 물어야 한다. 하나님은 형편이 어려운 이들을 도우라고 교회에 요구하시는가?

야고보서 2장 1-23절

참다운 '믿음'은 언제나 선한 '행함'으로 표현되게 마련이라고 가르친다. 여기서 '행함'이란 '자비'를 가리킨다(13절을 보라). 남편을 잃고 홀로 된 여인과 고아들(1:27), 가난한 이들(2:6), 그리고 굶주리는 사람들(2:15-16)을 보살피는 일을 본보기로 제시한다.

사실 야고보는 예수님이 다른 데서 하신 말씀을 그대로 옮기고 있다(마 25:3). 정리하자면, 예민한 사회적 양심(social conscience)과 궁핍한 이들에게 아낌없이 자비를 베푸는 삶이 믿음을 보여 주는 핵심적인 표식이라는 뜻이다. 하나님은 자비의 행위로 믿음을 계량하신다(마 25:45, 약 2:13 참조).

마태복음 11장 1-6절

세례 요한은 예수님이 정말 메시아인지 알고 싶었다. 그리스도는 병자를 고치고 가난한 이들에게 복음을 전한다는 사실을 증거로 삼았다. 자비 사역과 말씀 사역은 둘 다 예수님의 하나님 나라 어젠다에 들어 있었다.

사도행전 6장 1-6절

'자비'란 한 사람의 크리스천뿐만 아니라 교회 전체가 감당해야 할 일임을 말해 준다. 집사는 어려운 처지에 몰린 이들을 제대로 돕기 위해 교회가 제정한 항구적인 직분이다.

자, 이제 다시 물어보겠다. 교회는 자비를 베풀 시간과 재물을 가지고 있는가? 답은 분명하다. 교회는 세상에 복음을 전하고, 성도들을 세우며, 궁핍한 이들을 도우라는 명령을 받았다. 우리에게는 이 과제들 가운데 어느 하나라도 완전히 성취할 돈과 자원이 없다. 그러나 하나님이 명하신 일을 모두 행하기 위해 가진 걸 다 사용해야 한다. 무엇이 됐든 하나님이 주라고 하시는 걸 베풀지 않는 행위는 죄악이다.

"요즘 같은 세상에 궁핍하다는 건 십중팔구 일할 의지가 없기 때문이다"

이러한 반론에 대한 답변은 다음과 같다. 성경적으로, 가난에는 세 가지 요인이 있다.

첫째, '억압'이다.

구약성경에서 '가난한 자들'로 가장 자주 번역되는 히브리어는 본래 '억울하게 재산을 빼앗긴' 이들을 뜻한다. 억압이란 인간을 가난에 빠트리거나 헤어나지 못하게 만드는 사회 환경, 또는 부당한 대우 전체를 가리킨다(시 82:1-8, 72:4, 잠 14:31, 출 22:21-27). 성경은 터무니없이 낮은 임금(신 24:15), 재력과 힘을 가진 쪽을 편드는 정치·사법 체계(레 17:15), 고리대금(출 22:25-27) 등을 본보기로 제시한다.

둘째, '재난'이다.

자연재해, 흉작, 재정적인 판단 착오, 질병이나 부상 등이 이 범주에 들지만, 그 밖에도 여러 가지 요인들이 있다. 이런 상황에 윤리적인 비난을 가할 여지가 어디에 있겠는가? 가난하지만 성실한 사람은 부끄러워할 이유가 없다(잠 19:1, 19:22, 레 25:39-43).

셋째, '죄'이다.

게으름(잠 6:6-11), 사치와 향락 추구(잠 21:17), 자제력 결핍(잠 23:21)은 가난으로 이어질 수 있다.

성경에서 잠언 말고는 '게으른 가난뱅이'를 언급하는 경우가 거의 없다는 점을 짚고 넘어가는 게 좋겠다. 성경에서 가난을 언급한 사례 가운데 대다수는 부정적이거나 업신여기는 투가 아니다. 그러므로 빈궁한 이들을 게으른 사람으로 여기는 건 가난하면 다 의롭다고 보는 것만큼이나 단순화된 예단이다. 실제로는 이 세 가지 근본 요인들이 모두 존재하며 서로 얽혀 있는 경우가 거의 전부라 해도 과언이 아니다.

함께 나눌 질문들

1. 이번 장을 읽으며 당신 역시 자비 사역에 대한 두 가지 반론에 동의하고 자비 사역에 주저하고 있었던 것은 아닌가? 이번 장을 읽고 생각이 달라졌는가? 어떤 점에서 그러한가?

2. 가난의 원인을 구별하는 게 중요한 까닭은 무엇인가?

4

우리가 도와야 하는 사람은
누구인가

자비 사역의 한계

이번 장에서는 자비 사역의 한계를 지적하는 물음과 그에 대한 답을 볼 것이다. 이를 통해 우리에게 먼저 손 내밀고 다가오신 주님처럼 행할 수 있게 되길 바란다.

교회는 가난한 크리스천들만 도와야 하는 게 아닌가?

형편이 어려운 모든 이들을 도와야 한다. 선한 사마리아인 이야기(눅 10:25)의 핵심은 살면서 누구를 만나든지, 심지어 원수에게라도 자비를 베풀어야 한다는 점이다.

그럼에도 "특히 믿음의 식구들에게는 더욱"(갈 6:10) 도움을 주어야 한다. 크리스천들에게 우선순위를 두는 게 마땅하다.

어느 정도 가난할 때 교회가 도움을 주어야 하는가?

가난은 '선택의 제한'으로 정의할 수 있다. 부유할수록 여행, 식사, 레저 활동, 입고 다니는 옷 등에서 선택의 여지가 넓어진다. 빈부는 상대적인 개념이다. 누구나 경제적인 선택권의 폭이 넓은(상대적으로 부유한) 이들과 좁은(상대적으로 가난한) 이들을 알고 있다.

누가복음 3장 11절은 겉옷 두 벌이 있으면 갖지 못한 이와 나눠서 둘 다 한 벌씩 입게 하라고 가르친다. 고린도후서 8장 13-14절에서 바울은 더 넉넉한 교회는 가난한 교회에게 베풀어야 한다면서 이는 "균등하게 하려 함이라"고 말한다.

온 교인이 '경제적 평준화'를 이뤄야 한다는 뜻이 아니다. 누군가 어려움을 고백할 때 그가 이편보다 상대적으로 '가난하다면' 집사의 보살핌을 제공할 적절한 대상이 된다는 말이다. 곤궁한 처지에 빠져야만 도움을 줄 수 있는 게 아니다.

중산층이 주류를 이루는 교회라면 나이가 많은 사람, 한부모 가정, 만성질환을 앓는 환자를 돌보는 가정, 일자리가 없는 이들을 찾아보라. 도움이 필요한 이들이 차고 넘칠 것이다.

죄를 짓거나 게으름을 피우는 등 가난을 자초한 이들에게도 도움을 주어야 하는가?

이 질문에 대한 기본적인 답은 "그렇다! 도와주어야 한다"이다. 로마서 5장 7-10절을 보면, 그리스도는 스스로 잘못을 저지르지 않았음에도 비참한 처지에 빠진 이들에게만 자비를 베푸신 게 아님을 알 수 있다. 주님은 원수였던 우리를 위해 목숨을 버리셨다. 죄에서 비롯된 어려움을 겪는 이들에게 영적인 도움을 주면서, 동시에 경제적으로도 힘을 보태 주지 못할 이유가 있겠는가? 하나님의 눈으로 보자면, 너나없이 궁핍한 삶을 사는 수준을 넘어 지옥에 떨어져야 마땅하다!

하지만 상대가 이편의 도움을 이용해 점점 더 스스로 책임지지 못할 행동을 한다면, 자비 자체에 선을 그어야 한다. 디모데전서 5장 8-14절은 "게으를 뿐 아니라, 쓸데없는 말을 하며 … 마땅히 아니할 말을" 하는 과부들에게는 정기적인 지원을 제한하라고 말한다. 재정적인 지도를 비롯해 이런저런 조언을 거부하면 교회는 지원을 중단할 수 있다. 하지만 언제나 궁핍한 이들을 위한다는 의도가 분명해야 한다. 오직 자비로만 자비를 제한할 수 있다.

낯선 이들과 잠시 스쳐가는 이들, 진심을 알기 어려운 이들까지 도와야 하는가?

그렇다. 낯선 이들과 잠시 머물렀다 떠나는 이들에게도 도움을 베풀어야 한다(히 13:2). 상대가 누구인지 몰랐던 탓에 나발은 다윗에게 도움을 주지 않았다. 하지만 이는 호의적인 행동으로 보이지 않았다(삼상 25장).

떠돌이 손님에게 속아 '봉변을 당하는' 사례들이 가끔 벌어지지만, 고마운 줄 모르는 이기적인 이들, 꾸어 가고 갚지 않는 이들에게도 친절해야 한다(눅 6:27-36).

그렇다 하더라도, 사람들이 우리에게 쉽게 죄를 짓게 만들어서는 안 된다. 다양한 방법으로 여행자를 돕고 지역 복지 기관과 경찰서에 확인하는 법을 익혀 두어야 한다.

경제적인 지원을 요청받았을 때만 도와야 하는가? 아니면 먼저 나서서 도움을 주어야 하는가?

예수님은 우리 쪽에서 자비를 청해 오길 기다리지 않으셨다. "너희가 나를 택한 게 아니라 내가 너희를 택했다"라고 말씀하셨다. 주님은 우리에게 먼저 손을 내미셨다. 따라서 크리스천들도 그렇게 해야 한다.

═══ 함께 나눌 질문들 ═══

1. 당신 마음속에 자비 사역에 대한 의구심이나 궁금함이 있는가? 있다면 공동체 식구들과 함께 나누어 보라.

2. 이번 장에서 정리된 기준을 이용하여 교회 안팎의 도움이 필요한 이들의 목록을 만들어 보라. 당신이 도와야 할 사람이 누구인지 구체적으로 적어 보라.

5

어떻게,
어디까지 도울 것인가

성경은 역경을 만나 어려움을 겪는 이들을 돕는 게 참다운 신앙이라고 가르친다(약 1:27).

자비의 3단계

하지만 어떻게 '도울' 것인가? 가난한 이들을 돕는 세 가지 단계를 성경은 다음과 같이 간추려 보여 준다.

첫 번째, 단순한 구호 단계가 시작이다

우선, 즉각적인 필요를 채워서 참담한 고통을 덜어 주어야 한다. 선한 사마리아인이 길에서 강도를 만난 이를 섬겼던 행위는 구호에 해당한다. 피해자에게 당장 필요했던 치료와 신변 보호, 이동, 회복에 들어가는 비용 부담 등을 제공했다. 구호활동에는 두 가지 측면이 있다.

형편이 어려운 이들을 찾아 그 삶에 들어가야 한다.
예수님은 스스로 가난하게 되셨고(눅 1:48, 고후 8:9), 한센병을 앓는 환자들을 어루만지셨으며(막 1:40-42), 세리와 죄인처럼 사회적으로 외면당하는 이들과 어울리셨다(눅 7:34).

한 번 베풀고 말 게 아니라 무엇이든 결핍을 지우는 데 필요한 자원을 꾸준히 지원해야 한다.
필요가 완전히 사라질 때까지 도와야 한다(신 15:8,10, 고후 8:13-14, 눅 3:11).

두 번째, 경제력 육성 단계다

시편 41편 1절은 가난한 사람을 '돌보는' 이에게 "복이 있다"라고 선언한다. '돌보다'는 실질적인 행동 계획을 면밀하게 숙고한다는 뜻이다. 하나님은 단순히 구제하는 데만 관심을 두시지 않고 가난한 이들을 회복시켜 경제적으로 자립하게 하는 데도 신경을 쓰신다.

종이 빚을 갚고 종살이에서 풀려나게 되면, 여태 그를 부렸던 주인은 가축 한 떼와 곡식, 씨앗 등을 챙겨서 자기 사업을 일굴 '밑천'을 마련해 주어야 했다(신 15:13-14, "그를 놓아 자유하게 할 때에는 빈손으로 가게 하지 말고 네 양 무리 중에서와 타작마당에서와 포도주 틀에서 그에게 후히 줄지니 곧 네 하나님 여호와께서 네게 복을 주신 대로 그에게 줄지니라"). 농부를 향해서 그가 지금껏 종으로 부리던 이가 나가면 농사를 지을 수 있도록 도와주라고 확실하게 명령하는 것이다.

존 퍼킨스(John Perkins)는 가난한 흑인들의 손에 그저 복지수당을 건네주기만 하면, 자본이 부유한 백인 은행가들과 시내 상점 주인들의 통장으로 옮겨 가는 걸로 마무리될 뿐이라고 썼다. 정부의 빈곤 퇴치 프로그램은 '구호'를 제공했지만, 흑인 공동체의 소유에는 별 영향을 주지 못했다. 따라서 흑인들은 자립하지 못하고 계속 가난한 상태에 머물 수밖에 없었다. 퍼킨스가 미시시피 지역 공동체의 빈민들을 끌어모아 농업협동조합, 주택조합, 심지어 금융조합을 꾸리기 시작하자 빈민들이 인근에서 돈과 직장을 유지할 수 있게 되었다. 나눠 주는 게 아니라 소유하게 돕는 게 빈곤의 고리를 끊는 방법이다.[6]

세 번째, 사회 개혁이다

사회 개혁은 육신적인 어려움을 누그러뜨리는 차원을 넘어 그런 결핍을 빚어낸 사회 환경과 구조를 바꾸려고 노력하는 단계다. 상처를 싸매는 데 그치지 않고 상처를 입힌 이들을 추적하는 셈이다. 욥은 헐벗은 이에게 옷을 입혔을 뿐만 아니라, "불의한 자의 턱뼈를 부수고 노획한 물건을 그 잇새에서 빼내었다"고 했다(욥 29:15-16).

구약성경의 선지자들은 수없이 사회 개혁을 부르짖었다. 불공정한 품삯(렘 22:13), 부패한 거래 관습(암 8:2, 6), 넉넉하고 힘 있는 이들 쪽에 기우는 사법 제도(신 24:17, 레 19:15), 터무니없이 높은 이자를 받는 대출 시스템(레 19:35-37, 25:37, 출 22:25-37)에 반기를 들고 매섭게 꾸짖었다. 언약 공동체 안에서만 이런 개혁 운동을 이어간 게 아니었다. 다니엘은 포로로 잡혀가서도 이교도 정부를 향해 가난한 이들에게 자비를 베풀지 않는다고 질책했다(단 4:27).

희년법(레 25장, 50년마다 원래의 소유주가 잃었던 땅을 그에게 되돌려 주는)과 안식년법(신 15장, 7년째가 되는 해마다 모든 채무를 탕감해 주는)이야말로 가난한 이들을 보호하기 위해 하나님이 제정하신 사회 체계의 좋은 본보기들이다.

역사적으로 보면, 기독교가 크게 부흥했던 시기의 크리스천들은 사회 구조를 바꿔 정의와 자비를 실현하려 노력했다. 18세기, 영국에서 일어난 대각성 운동은 노예제가 폐지되고 아동 노동법과 교정시설의 환경과 공장 노동자들의 열악한 주거 환경이 개혁되는 결과를 가져왔다.

크리스천들이 어떻게 사회 개혁에 나설 것인지를 두고 신학자들의 입장이 엇갈리고 있다. 지역 교회를 통해 실행해야 할 개혁은 무엇이며 자발적인 크리스천 조직을 통해 이뤄 내야 할 개혁은 무엇인가? 교회가 회의를 열어 특정 정당의 후보를 지지해야 하는가? 법안을 통과시키기 위해 노회와 총회 차원에서 국회에 로비를 벌여야 하는가? 그런 활동의 한계는 어디까지인가?

하나는 분명하다. 하나님은 크리스천들에게 다양한 경로를 통해 가난하고 형편이 어려운 이들을 보호하는 사회를 만들기 위해 노력하기를 요구하신다.

1. 어떻게, 어디까지 도울 것인가를 고민하고 있는가? 특별히 경제력 육성과 관련해 여러분의 교회는 어떤 일을 할 수 있는지 나누어 보라.

2. 교회다운 교회라면 사회 개혁을 위해 어떤 노력을 해야 한다고 생각하는가?

3. "성문에서 정의를 세우기 위하여"(정부와 사회에서 정의를 구현하기 위해) 개인적으로 어떤 노력을 기울이고 있는가?

실천해 보기

1. 지금까지 공부한 내용 가운데 가장 중요한 점은 무엇인가? 목록을 작성해 보라.

2. 교회에서 실천해 보고 싶은 일 두세 가지를 골라 적어 보라.

3. 계획을 실행하려면 다음 중 무엇이 있어야 한다고 생각하는가?

   ____ 더 많은, 또는 더 나은 정보(프로그램, 교회, 공동체 등)인가? 구체적으로 어떤 정보가 필요한가?
   ____ 더 많은, 또는 더 나은 기술(능력, 전문 지식 등)인가? 구체적으로 어떤 기술이 필요한가?
   ____ 핵심적인 인사들이 제공하는 더 많은, 또는 더 나은 지원인가? 어떤 인물의 지원이 필요한가?
   ____ 더 많은, 또는 더 나은 자원(돈, 시설, 인력 등)인가? 어떤 자원이 필요한가?

4. 부족한 요소들을 확보할 간략한 계획을 세우라. 어떻게 정보를 얻고, 기량을 키우고, 사람들의 지원을 얻고, 재정을 모을 것인가?

Resources for
Deacons

Part 2

집사 사역을 위한 준비

집사 직분의
영광과 특권을 배우다

1

성경이 말하는
집사

성경이 말하는 집사의 성품과 역할을 배우다

초대교회에서는 집사들이 부지런히 공동체들을 심방하면서 병들고 가난한 이들, 고아와 과부를 찾아가 위로하고 도움을 주었다. 중세에 들어서면서, 집사직은 예배 의식을 진행하는 사제를 돕는 단순 보조자 역할로 변모했다. 종교개혁가들 가운데는 장 칼뱅만 집사직을 되살려 가난하고 형편이 어려운 이들을 돕는 성경의 사역을 맡겼다.

하지만 지난 한 세기 사이에 개혁교회 집사들은 다시 존재 이유를 잊어버리기 시작하고 있다. 차츰 회계 담당자나 관리인처럼 변해 가고 있다. 뭇사람들의 신체적·경제적 필요들을 살피는 자비 사역은 예산 및 일정과 더불어 서서히 집사의 손을 떠나고 있다.

성경이 말하는 집사

기원

집사는 사도행전 6장 1-6절에 뿌리를 두고 있다. 장로들은 '말씀' 사역을 계속 이어나간 반면, 집사들은 가난한 이들을 구제하는 사역, 다시 말해서 자비 사역을 맡았다(4절). 집사직은 교회에 상설된 직분이었다(딤전 3장).

목적

집사라는 직분은 육신의 필요를 채우기 위해 세워졌다. 하지만 하나님의 은혜를 체감하는 영적인 계기에서 비롯되고(눅 6:33-36) 영적인 영향력을 미치게 되므로(행 4:33, 빌 4:10-20) 영적인 사역이다.

집사가 갖춰야 할 요건

성품

디모데전서 3장 8-13절은 집사가 갖춰야 할 자질을 이렇게 설명한다.

- "정중하고"- 현실적이고 실천적인
- "일구이언을 하지 아니하고" - 정직한
- "이를 탐하지 아니하고" - 삶이 단순하고 소박한
- "깨끗한 양심에 믿음의 비밀을 가진" - 입으로 전한 메시지를 삶으로 살아 내는
- "술에 인박히지 아니하고" - 자제할 줄 아는
- "자기 집을 잘 다스리는"- 집안을 잘 이끄는
- "책망할 것이 없으면" - 순전한 믿음으로 항상 살려는

집사는 짐짓 꾸민다든지 쉽게 낙담하지 않는 편이 좋다. 섬김과 도움을 받는 이들은 집사의 진정성을 금방 감지할 수 있으며, 알고서도 참으며 내색하지 않을 수도 있다.

은사

로마서 12장 7절과 고린도전서 12장 28절은 집사들에게 '섬김'(deaconing), '도움', '다스림' 같은 영적인 은사가 필요할 수 있다고 말한다.

집사의 역할

자비

교회 안팎의 신체적, 경제적 필요를 충족시키는 사역이다. 병들고, 가난하고, 노쇠한 이들과 한부모 가정을 심방하고 위기 상황에 몰린 가정들을 돕는 일이 여기에 들어간다.

청지기

교인들이 인색하지 않게 베풀도록 권유하고 독려하며 그렇게 모인 재물을 적절히 나눠 주는 사역이다. 청지기 의식 교육, 기부 체계 마련, 회계, 기록, 재정 적립과 보고 같은 일들이 여기에 포함된다.

자산 관리

교회의 모든 자산을 잘 수리하고 관리하며 사용을 감독하는 일이다.

지원

교회에서 진행하는 프로그램에 따르는 실제적인 작업들과 소소한 업무들을 처리하는 일이다. 안내, 각종 장비와 의자 설치 등의 일들이 이 범주에 속한다. 이런 일들을 꼭 직접 해야 하는 건 아니지만, 집사는 그 뒷정리까지 책임을 진다.

집사와 장로의 관계

집사는 장로들에게 위임받은 선에서 권위를 갖는다. 성경은 장로들을 향해 자비 사역과 청지기에 해당하는 사역과 관련해 일정 수준의 권위를 집사들에게 위임하기를 요구하며, 장로교회의 정책 역시 같은 입장을 취하고 있다.

집사는 별도의 입법기관(예를 들어, 의회의 상하원처럼)이 아니다. 장로들이 어떤 사안을 두고 집사들이 내린 결정을 뒤집을 가능성이 전혀 없는 건 아니지만, 슬기롭고 경건한 당회라면 웬만해선 그런 조처를 내리지 않을 것이다. 장로는 언제나 "주장하는 자세를 하지 말고"(벧전 5:3) 지배적인 태도를 버려야 한다. 당회는 주기적으로 집사들의 결정과 사역을 살펴야 한다.

집사 사역을 위한 준비

집사를 교육하고 훈련하는 과정은 끊임없이 이어져야 한다.

- 소속 교단의 교리와 정책적인 기준을 공부하라.
- 집사와 리더의 개인적인 특성을 공부하라. [7]
- 집사의 일반적인 의무를 공부하라. [8]
- 자비 사역의 성경적 근거를 공부하라. [9]
- 건강한 자비 사역을 보여 주는 구체적인 사례들을 공부하라. [10]

1. 성경에서 말하는 집사 직분의 기원과 성품과 역할에서, 당신이 가장 도전받은 부분은 무엇인가? 그것을 나누라.

2. 집사가 갖추어야 할 성품 중에서 당신이 자제할 부분이 있는가? 있다면 그것을 나누라.

2

자비 사역을 위한
제안

급한 사역에 자비 사역이 밀리지 않게 하라

집사의 직분이 제 기능을 하려면, 집사들에게 사역의 전문성이 필요하다. 위원회 하나하나가 전문화되어야 할 뿐만 아니라 각 그룹에 소속된 구성원에게도 저마다 책임을 지는 구별된 사역 영역이 있어야 한다. 아래는 네 가지 집사위원회*를 제안해 본 목록이다.

집사 역할의 전문화

위원회를 전부 집사들로 구성할 수 있는 교회들도 더러 있을 것이다. 하지만 설령 그렇다 하더라도 위원회마다 사역을 도울 평신도들을 지명해 동역하는 게 바람직하다. 규모가 크지 않은 교회라면 한두 명의 집사가 5-10명의 평신도를 이끌어도 좋겠다.

몇몇 집사들을 정해 자비 사역과 관련된 일을 가장 먼저 처리하지 않으면, 급하기는 하지만 덜 중요한 책무들에 끝도 없이 밀려나게 마련이다.

집사의 역할은 '자비', '청지기', '자산 관리', '지원'이다. 이를 위한 각각의 위원회에서의 할 일은 다음과 같다.

재정 위원회(또는, 청지기 위원회)
- 예산 마련
- 예산 관리 및 배정
- 헌금 정산 및 적립
- 헌금 봉투 준비와 기록
- 교회와 교인들을 대상으로 한 수입 및 지출 보고

---

* 편집자주- 집사위원회는 한국교회에는 없는 명칭이다. 그에 해당하는 집사의 역할은 존재하므로, 집사의 역할 중심으로 이해할 필요가 있다.

- 청지기직 홍보와 교육

자산 관리 위원회
- 교회 소유 건물과 토지를 유지 관리하기 위해 고용한 직원 감독
- 교회 소유 건물, 토지, 사택을 비롯한 자산 유지 보수
- 교회가 보유한 자산 및 장비 사용 감독
- 필요에 따라 새로운 자산과 장비 구입(값비싼 물건은 교인들의 추천과 조언을 받아야 한다)

지원 위원회
- 예배 시 안내하고 헌금을 모으는 일
- 예배나 프로그램에 맞춰 조명을 관리하고, 문을 여닫으며, 각방과 건물들을 환기시키는 일
- 예배가 진행되는 동안 설교 녹음과 방송 장치들을 모니터하는 일
- 출석 인원을 파악하고 기록하는 일

자비 위원회
- 환자와 거동이 불편해 집 안에서만 지내는 이들을 돌보는 일
- 나이 많은 성도를 돌보는 일
- 교도소, 요양원, 재활병원을 비롯해 각종 시설에서 지내는 이들을 돌보는 일
- 지적 장애인과 신체 장애인들을 돌보는 일
- 한부모 가정을 돌보는 일

- 음식, 잠자리, 자금 등과 관련된 긴급한 필요에 대처하는 일
- 멀리 떨어진 지역의 가난한 이들을 위한 후원을 독려하는 일
- 국가적·지역적 재난에 교회가 개입하도록 독려하는 일

이때, 자비 위원회 구성원들은 전문화되어야 한다. 예를 들어, 구직자들을 위해 일자리를 찾아 주고 직업에 관해 조언해 줄 수 있는 '전문가'가 있으면 좋다. 응급 쉼터나 저렴한 임시 숙소를 잘 알고 있거나 연결해 줄 수 있는 주거 '전문가'도 필요하다. 몸이 아프고, 나이가 들고, 장애를 지닌 이들을 보살피는 사역을 이끌 수도 있다. 자비 위원회의 집사들은 집사 기금 운용을 실질적으로 감독할 수 있다. 앞서 네 가지 위원회에서 자비 위원회를 좀 더 살펴보자.

자비 사역을 위한 집사회 조직

예배와 성경 공부, 친교가 이뤄지는 소그룹 네트워크를 개발해 온 교회들이 많다. '목장 모임', '가정교회'를 비롯해 다양한 명칭이 사용된다. 이런 네트워크를 갖춘 교회들이라면 다음과 같은 집사회 조직이 유용할 수 있다.

일반 역할
- 집사 기금을 비롯한 다양한 자금을 모으고 지출한다.
- 교회의 모든 자비 사역을 감독한다.
- 일반 집사들은 자주 다른 집사들을 별도로 만나 교회의 구제와 자비 사역 요청을 검토한다.

가정 돌봄 역할

- 가정교회마다 적어도 한 명 이상의 가정교회 집사가 있어야 한다.
- 이들은 가정교회 안에서 자비 사역이 필요한 부분을 찾아 집사회와 소통한다.
- 가정교회 집사들은 맡은 구역에 속한 가정들을 살펴 자비 사역이 필요한 부분을 나누고 가정교회의 자원을 동원해 그 필요를 채운다.
- 가정교회 집사들은 집사회에 참석해 일반 집사들과 함께 자산 관리와 구제의 의무를 다한다.

사역 역할

- 사역 집사들은 교회의 임명을 받고 재소자 사역이나 사회복지 시설 운영 따위의 특별한 자비 사역을 담당한다.
- 그런 사역은 '전임'에 해당하므로 사역 집사들에게는 자산 관리나 구제 같은 다른 영역의 임무를 주어서는 안 된다.

<hr>

함께 나눌 질문들

1. 교회에서 집사의 역할은 '자산 관리', '청지기', '예배 지원', '자비 사역'이다. 이 중에서 자비 사역이 집사의 역할 중 가장 중요한 것을 알고 있는가? 당신의 교회는 이 집사의 역할 중 어디에 초점을 맞추고 있는지 살펴보라.

2. 각각 집사의 역할 중 당신은 어느 부분을 담당하고 있는가?

3. 어떻게 하면 집사회를 더 효율적으로 조직할 수 있는지 나누어 보라.

3

집사 사역
평가

우리의 만족이 아닌 이웃의 필요로 사역을 평가하라

다음은 집사회 전체가 모이는 대규모 그룹 토론에서 사용할 수 있는 자료이다. 총 여섯 개의 영역이며 하나하나 살피면서 자유롭게 생각을 나누고 '필요와 문제' 항목에 정리하게 하라. '필요와 문제'가 다 차면, 분야별로 가장 큰 문제 두어 개씩을 추려 내라. 마지막으로, 뽑아낸 구체적인 문제들을 어떻게 해결할지 하나씩 의견을 나누고 '대책과 절차' 항목에 기록하라.

사역의 평가

모든 이들이 함께 볼 수 있도록 칠판이나 프로젝터를 사용하라.

영역	필요와 문제	대책과 절차
1. 집사의 동기		
2. 집사의 기술		
3. 지원자 모집과 관리		
4. 집사회의 구조		
5. 자원 / 가용 자산 (재정, 장비 등)		
6. 전임 사역자와 교회의 지원		

사역의 평가를 돕는 질문들

다음은 집사 직분을 수행하는 이들이 진행 중인 자비 사역을 더 정확하게 평가하는 데 도움이 될 만한 질문들이다.

우선순위 질문

집사들이 실제로 어떤 일들을 맡아보고 있는가? 집사회가 다음 중 어떤 사역에 시간과 에너지를 투입하도록 우선순위를 부여하고 있는지 점수를 매겨 보라. 우선순위가 가장 높은 항목에 5점을, 가장 낮은 항목에 1점을 주라. 집사회가 각 항목에 할당한 시간의 비중을 퍼센트로 어림해 보라.

	우선순위	시간(%)
병들고, 나이 들고, 가난한 이들을 돕는 일		
돈을 모으고 나눠 주는 일		
자산을 유지하고 관리하는 일		
안내, 도움		
그 밖의 일들		

기금이나 예산 질문

집사들이 신체적, 경제적으로 어려운 처지에 있는 이들을 돕는 데 사용할 수 있는 기금이나 예산이 있는가? 있다면, 교회 전체 예산 가운데 몇 퍼센트 정도 되는가? 그만하면 적당하고 합리적인 비율이라고 생각하는가?

재정 지원 질문

지난해, 교인들 가운데 얼마나 많은 개인, 또는 가정들이 직접 지원(재정, 또는 실질적인 도움)을 받았는가? 지난해, 공동체 바깥에서 얼마나 많은 가정들이 직접 지원을 받았는가?

섬김 지원 질문

지난해, 교인들 가운데 얼마나 많은 개인, 또는 가정들이 집사의 섬김(일자리를 얻도록 돕고, 재정적인 문제들을 상담해 주고, 관심을 쏟고, 귀 기울여 들어주는)을 받았는가? 지난해, 공동체 바깥에서 얼마나 많은 가정들이 교회에서 제공하는 집사의 섬김을 받았는가?

사역의 결과 질문

직접 지원과 섬김은 얼마나 효과적이었는가? 의존적인 성향을 강화하지 않는 방식으로 도움을 줄 수 있었는가? 도움을 받은 가정들의 경제 자립도가 높아졌다는 구체적인 증거가 있는가?

4

사역의 바탕이 되는
은사

은사를 파악하고 적재적소에 활용하라

집사는 자비 사역과 긴밀하게 연관되는 영적인 은사들을 가지고 있어야 한다. 아울러 교인들 사이에서 그런 은사들을 구별해 내고 사용할 줄 알아야 한다. 그리스도의 몸을 이루는 수많은 지체가 섬김, 구제, 자비, 손 대접하기 같은 은사를 가지고 있지만 귀중하게 여기지도, 제대로 활용하지도 않는다.

집사 사역의 바탕이 되는 은사

교회 직분이라고 하면 대부분 가르치고, 이끌고, 관리하고, 다스리는 자리들이다. 그러나 비록 각광을 받지는 못할지라도, 아마 자비의 은사를 가진 크리스천들의 숫자가 훨씬 많을 것이다. 교회 지도자들은 이런 은사를 가진 이들을 찾아내고 활동할 수 있는 자리를 마련해 주는 데 익숙하고 노련해져야 한다. 여기에 해당하는 은사들을 정리해 보자.

구제(롬 12:8)

- 구제(Giving)는 가지고 있는 물적 자원을 너그러운 마음으로 즐겁게 바치고 그런 방식으로 성령의 열매를 맺는 능력을 뜻한다.
- 관련 본문을 살펴보자. 고린도후서 8장 2-3절, 9장 7-12절, 빌립보서 4장 16-19절이다.
- 은사 활용을 할 수 있다. 구제 은사가 있는 크리스천은 스스로 본보기가 되어 교인들이 넉넉하게 베풀도록 이끄는 집사가 될 수 있다. 구제 은사가 있는 크리스천은 언제든 긴급한 상황이 벌어졌을 때 즉시 연락해서 힘을 모을 수 있는 교인들의 네트워크를 구성해야 한다.
- 은사를 찾기 위해 다음과 같은 질문을 해 보라.
  - 베푸는 데서 큰 기쁨과 만족을 얻는가?

- 경제적으로 어려운 처지에 빠진 이들을 보면 금방, 그리고 깊이 마음이 움직이는가?
- 베풀기 위해서라면 흔쾌히 자신의 생활 수준을 낮출 수 있는가?
- 자신의 재정 안정과 필요에 관해 그다지 걱정하지 않는 편인가?
- 재물을 잘 관리하는가?(구제의 은사가 있는 크리스천은 이 질문들에 "그렇다"라고 답할 수 있어야 한다.)

섬김(롬 12:7)

- 섬김(Service)은 특별히 하나님 나라 사역과 관련된 부분에서 현실적인 필요들을 파악하고 채우는 능력을 뜻한다.
- 관련 본문을 살펴보자. 누가복음 22장 24-27절, 디모데후서 1장 16-18절, 마태복음 25장 34-36절이다.
- 은사 활용을 할 수 있다. 그리스도의 몸인 교회 안에 존재하는 신체적·경제적 필요를 채우는 데 동원할 수 있도록 교인들의 능력을 정리한 기록을 보관하는 '달란트 은행'을 만들고 유용한 기술을 가진 지체들을 등록해 두어야 한다. 섬김의 은사를 가진 이들은 매주 시간과 일정을 비워 집사 사역에 참여해야 한다.
- 은사를 찾기 위해 다음의 질문을 해 보라.
  - 몸으로 하는 일을 즐기는가?
  - 남들이 다 지겨워하는 일들이나 집 안팎을 손보는 일을 하라고 해도 좀처럼 짜증을 내지 않는 편인가?
  - 실제적인 필요들을 잘 짚어내는가?
  - 계획을 짜고 논리를 세우는 일을 견디기 어려워하며 일단 행동하고 보는 쪽을 더 선호하는가?

자비(롬 12:8)

- 자비(Mercy)는 어려움을 겪는 이들을 사랑하고 그들에게 공감하며 따뜻한 행동으로 그 아픔을 덜어 주는 능력을 뜻한다.
- 관련 본문을 살펴보자. 누가복음 17장 11-14절, 누가복음 10장 29-37절, 마태복음 20장 30-34절, 마가복음 10장 46-52절, 데살로니가전서 5장 14절이다.
- 은사 활용을 할 수 있다. 전문 의료인들에게는 자비의 은사가 반드시 필요하다. 은사를 가진 이들은 병원과 요양 시설, 교정 시설, 장애인들을 위한 시설 등에서 봉사할 수 있다.
- 은사 찾기를 위해 다음의 질문을 해 보라.
  - 고통을 받고 있는 이들에게 저절로 눈길이 가는가?
  - 남들은 도저히 상대하지 못하겠다고 하는 이들에게도 인내와 사랑을 베풀어줄 수 있는가?
  - 몸이 아프거나 나이 많은 이들을 찾아가 살피는 데서 만족감을 얻는가?

도움(고전 12:28)

- 도움(Helps)은 다른 이들이 저만의 고유한 사역에 '전념하도록' 시간과 달란트를 투자하는 능력이다.
- 관련 본문을 살펴보자. 로마서 16장 1-2절, 사도행전 20장 34-35절, 민수기 11장 16-17절, 누가복음 8장 1-3절, 창세기 2장 20-23절이다.
- 은사 활용을 할 수 있다. '도움'의 은사를 가진 이들은 행정 담당자, 보조 교사나 간호 보조원, 비서, 목회자 도우미로 활동할 수 있다.
- 은사 찾기를 위해 다음의 질문을 해 보라.
  - 리더가 되기보다 리더를 돕는 쪽을 더 좋아하는가?

- 인정과 갈채를 받고 싶지 않고 '무대 뒤'에서 일하는 걸 선호하는가?
- 다른 크리스천들이 제 몫을 하도록 '잡다한' 일들을 처리하는 걸 즐기는가?

함께 나눌 질문들

1. 집사의 은사는 '구제', '섬김', '자비', '도움'이다. 이 가운데 각각의 은사를 나누어 보라.

2. 어떻게 하면 우리 교회가 지속적으로 '집사의 은사'를 파악하고 축적, 관리할 수 있겠는가?

5

집사 사역과
교회 성장

자비 사역은 공동체 안에 사랑을 심는 것이다

섬김과 성장 사이의 고민

교회의 리더들은 섬김(집사 사역)과 성장(복음 전도 사역) 사이에서 갈등한다.

첫째, 자원의 문제로 갈등한다. 집사 사역은 비용이 많이 든다. 제한된 재정 자원으로 자비 사역과 복음 전도 사역을 둘 다 지원하기에는 무리가 따르기 마련이다. 집사 사역에는 시간이 많이 든다. 목회자와 평신도 모두가 사역을 시작하는 데 필수적인 관리 기술을 제대로 갖추지 못한 경우가 허다하다. 교회 지도자들이 집사 사역에 시간을 쏟다 보니 복음 전도 사역에 어려움을 겪는 일이 얼마나 많은지 모른다.

둘째, 우선순위의 문제로 갈등한다. 성장 사역과 섬기는 사역 사이의 균형을 완벽하게 유지하기는 대단히 어렵다. 여기에 시간을 쓰면 다른 편 사역에 쓸 시간이 부족하기 때문이다. 그렇다면 어느 쪽에 우선순위를 두어야 하는가?

신학적인 지침

교회는 하나님 나라의 일을 해야 한다.

하나님 나라는 초자연적인 능력을 전해서 온 세상을 새롭게 하는 회복에 의미를 둔다. 하나님은 그리스도를 통해 만물을 그분의 통치 아래 하나로 묶어 세상을 병들게 만드는 죄의 영향을 말끔히 없애버리려 하신다(창 3:17). 하나님은 우주를 향한 경륜(oikonomia, 집을 세우는 청사진)을 가지고 계신다고 에베소서 1장 9-10절은 말한다.

주님은 온 세상을 다시 그분의 집으로 만들고 싶어 하신다. 그렇다면 모든 상처를 치유해야 한다.

교회는 하나님 나라의(우리는 하나님의 가족이다, 갈 6:10) 모형인 동시에 하나님 나라를 널리 퍼트리는 일꾼이 되어야 한다(행 8:12, 19:8, 20:25).

하나님 나라의 일에는 섬기는 사역과 성장 사역이 모두 포함된다.

요한복음 17장 18절에서 예수님은 사도들을 파송하신다. 예수님이 세상으로 파송받은 것처럼 교회를 세상으로 내보내신 것이다. 예수님은 세상에 계시는 동안 말씀 사역과 자비 사역을 다 아우르셨다(눅 24:19, 마 11:5-6). 복음 전도와 자비를 베푸는 일은 둘 다 교회의 소명에 속한다.

하나님이 의로운 이와 불의한 사람에게 골고루 비를 내리시듯 크리스천들 역시 모든 사람에게 손길이 미치도록 자비 사역의 폭을 확장해야 한다고 성경은 가르친다(마 5:43-48, 눅 6:27-36). 집사 사역은 하나님의 특별 은총뿐만 아니라 보편 은총도 반영해야 한다.

엄밀히 말해서 자비 사역과 복음 전도는 똑같이 필요하다.

둘 다 하나님이 친히 명령하신 일이다. 어느 한쪽을 다른 편보다 앞세워야 할 신학적인 우선순위는 존재하지 않는다. 하지만 앞에서 이야기했듯, 시간과 재정에서 어느 한쪽에 현실적인 우선순위를 둘 수밖에 없다. 주변 사회의 형편과 더불어 교회의 '상황'(필요, 문제, 기회 따위의)에 따라 성장 사역과 섬기는 사역의 현실적 우선순위가 결정될 것이다.

홍수나 기아 같은 자연재해가 닥친 상황이라면 교회가 지닌 자원을 사용할 때 자비 사역에 우선순위를 두어야 한다. 사회에 억압과 불의가 널리 퍼져 있다면 교회는 핍박과 인적인 손실을 감수해 가며 사회 문제에 대해 명확한 태도를 보여서 하나님 나라의 증인이 되어야 할지도 모른다. 그런 상황들이라면 집사의 원조가 우선이다.

하나님께서는 성장 사역과 섬기는 사역을 똑같이 요구하시기는 하지만, 복음 전도는 인간의 상태에 한층 기초적이고 근원적으로 접근하는 사역이다. 영적인 면이 육적인 면보다 더 중요해서가 아니다. 하나님은 양쪽 측면을 다 지으셨고 동시에 대속하셨다. 한시적인 존재보다 영원한 실체가 더 중요하기 때문이다(고후 4:16-18).

육신에 주는 원조는 덧없는 존재에 주는 도움이다. 그러므로 교회가 하나님 말씀에 순종해 벌이는 사역의 우선순위를 굳이 가리자면, 복음 전도 사역이 약간이나마 실질적인 우선순위를 갖게 된다.

집사 사역의 선교 효과

집사 사역은 외부 사회에 긍정적인 이미지를 심는다.

누가복음 6장 32절에서, 예수님은 어떤 집단이든 그 안에 속한 가난하고 형편이 어려운 이들을 돕는 건 대단한 일이 아니라고 말씀하신다. 하지만 크리스천이 교회 바깥세상의 빈궁한 이들을 돕는다면, 그건 훌륭한 일이다.

그러므로 크리스천의 선행은 뭇사람들 앞에서 하나님을 영화롭게 한다(마 5:16). 초기 기독교에 적대적이었던 누군가는 이렇게 투덜댔다. "그리스도를 따르는 이 무리의 미신에 가장 크게 힘을 실어 준 요소는 뭐니 뭐니 해도 낯모르는 이들에게 베푼 사랑일 겁니다. … 경건치 못한 이 갈릴리인들은 제 패거리뿐만 아니라 우리 쪽의 가난한 이들에게도 필요한 것들을 나눠 줬습니다."

집사 사역은 한목소리로 그리스도의 사랑을 간증한다.

예수님은 크리스천들이 눈에 보이는 구체적인 방식으로 서로 사랑하면 그리스도가 오셨음을 세상이 알게 될 것이라고 했다(요 17:23).

크리스천들이 서로 사랑하는 걸 보여 주는 더없이 인상적이고 한눈에 들어오는 방법은 상호 간의 집사 사역과 경제적인 나눔이다. 그리스도인들이 "재산과 소유를 팔아 각 사람의 필요를 따라 나눠" 주자(행 2:45), "온 백성에게 칭송을" 받았다(행 2:47). 또 "믿는 무리가 … 모든 물건을 서로 통용"했을 때(행 4:32), "사도들이 큰 권능으로 주 예수의 부활을 증언"했다(행 4:33).

집사 사역은 성장 사역으로 이어지는 다리 구실을 한다.

집사 사역은 그리스도를 모르는 수많은 사람과 교회를 연결해 복음을 소개할 수 있게 한다. 일반적으로, 집사 사역을 통해 연결된 이들은 집을 찾아가거나 붙잡고 설명하는 방식으로 접촉한 '냉담자'들보다 훨씬 열린 마음으로 교회를 바라본다. 상대에게 미리 긍휼히 여기는 마음을 보여 주었기 때문이다.

섬기는 사역을 통해 도움을 받고 그리스도께 나온 이들은 교회 생활에 한결 쉽게 녹아드는 경우가 많다. 진즉부터 교인들을 여럿 알고 있고 벌써 교회 모임에 들어갔을지도 모른다.

집사 사역의 성장 잠재력을 키우려면 꼼꼼하게 계획하고 끈질기게 추적하는 노력이 필수적이다. 다음의 세 가지를 기억하고 행하라.

첫째, 집사 사역 프로그램을 통해 만나고 섬긴 이들에 관해 상세한 기록을 남기라.

둘째, 연결된 이들 하나하나를 지속적이고 체계적으로 찾아가 만나라. 그렇게 어울리는 동안 반드시 복음을 전해야 한다.

셋째, 연결된 상대가 '참여하고 싶어 할 만한' 다른 활동이나 프로그램을 궁리하라.

1. 스스로를 돌아보라. 교회가 하나님 나라의 증인이 되기 위해서는 집사 사역이 꼭 필요하다고 확신하는가? 교인들은 어떠한가?

2. 혈액은행, 미션스쿨, 임신 출산 위기센터, 푸드뱅크, 노숙자 사역, 쪽방사역을 비롯해 무엇이든 지역 사회를 섬기는 사역을 하고 있는가? 섬기는 사역의 성장 잠재력을 극대화할 구체적이고 면밀한 계획이 있는가?

6

교회 성장을 위한
집사 사역의 전략

교회 담장 너머 자비의 손길을 기다리는 이들에게도 다다르게

교회 성장을 위한 5단계 전략

자비는 하나님의 명령이지만 그저 '하라시니 한다'는 식이 되어서는 안 된다. 하나님의 자비를 경험하고 너그러워진 마음에서 우러나야 한다. 따라서 하향식으로 교인들에게 자비 사역 프로그램에 참여하도록 밀어붙이는 태도는 바람직하지 않다. 실천 사역과 그 동력, 다시 말해 은혜의 교리를 가르치는 하나님 말씀을 먼저 깨달아야 한다.

1단계 : 교육

교회에서는 설교와 교육으로 체계적으로 자비 사역의 기초를 놓아야 한다. 세례 요한의 설교는 듣는 이들의 마음을 파고들었고 마침내 "그러면 우리는 무엇을 해야 합니까?"(눅 3:10)라고 부르짖게 했다. 그제야 세례 요한은 가난한 이들에게 먹거리와 옷을 나눠 주라고 가르쳤다(11절).

2단계 : 조사

가난하고 형편이 어려운 이들을 돕고 싶어 하는 교회들도 적극적이기보다 소극적으로 반응적이기 일쑤다. 다시 말해, 개인이나 기존 사회 구호 단체들이 도움을 호소하면 그제야 반응을 보이는 식이다. 하지만 집사들은 지역 사회에서 도움을 주어야 할 대상을 탐색하고 자비 사역을 수행할 기회를 찾아내야 한다. 주위를 둘러보라. 더없이 절박한 처지에 몰렸으면서도 도움을 받지 못하고 있는 그룹이 있는가?

이런 탐색 작업이 제대로 이뤄지려면 지역 사회 실태 조사를 벌여야 한다.

3단계 : 접촉

형편이 어려운 이웃들을 위해 공유 옷장을 비롯해 다양한 사역을 시작하지만 정작 필요한 이들에게 손이 닿지 않아서 아무에게도 프로그램의 혜택을 주지 못한다는 사실을 뒤늦게 자각하는 교회들이 많다. 어떻게 하면 자비의 손길을 기다리는 이들을 확실하게 '가려내서' 활력이 넘치는 사역을 가꿔갈 수 있을까?

몇 가지 방법들을 살펴보자.

첫째, 지역 공동체에 참여하라. 비공식적이고 세속적인 봉사 조직이나 구호 단체에 들어가 활동하도록 적극 장려하라. 아울러, 이미 그런 일들에 참여하고 있는 교회 식구들을 확인하라. 그런 교인들을 다리로 삼아 형편이 어려운 이들을 파악하고 함께 섬기라.

둘째, 복지 부서에 연락하라. 지자체의 복지, 또는 사회 사업 관련 부서에 직접 연락해 어려운 처지에 있는 이들을 돕는 일에 관심이 있음을 전달하라.

셋째, 정기적으로 곤궁한 이웃을 찾아가라. 필요한 게 없는지 살펴서 도움을 주라. 주기적인 심방은 자비 사역이 필요한 부분을 집사들이 찾아내는 데 도움이 된다.

넷째, 교인들에게 도움을 요청하라. 집사들에게 도움을 청하거나 교회나 지역 사회에 자비 사역이 필요한 영역을 알릴 수 있도록 교인들이 앉는 자리에 카드나 종이를 비치해 두라("섬김 은행"에 관한 글을 참고하라).

다섯째, 공개 모집을 하라. 지역 신문에 형편이 어려운 이들에게 도움을 주는 자비 사역에 관한 광고를 싣고 연락처를 공개하라.

4단계 : 리더십 구성

자비 사역은 전도, 제자 훈련, 예배처럼 교회 전체가 감당해야 하는 일이지만, 집사들의 사역을 잘 도우려면 교회 차원의 리더십을 구성해야한다.

구체적인 방법들은 다음과 같다.

- 전문화(Part 2:2 '자비 사역을 위한 제안'을 보라).
- 사역팀을 조직하라. 집사들을 한두 명씩 팀으로 묶어 경제적인 필요를 조사하고 평가하는 훈련을 시켜야 한다. 도움이 필요한 부분을 파악할 때마다 집사는 그 사안을 사역팀에 배당한다(사역팀이 무슨 일을 하는지 더 깊이 알고 싶으면 이 지침서의 마지막 부분, '집사 사역의 사례 관리'에 실린 글들을 하나하나 읽어 보라).
- 자비 위원회 조직('자비 사역을 위한 제안'을 보라).

5단계 : 교인 조직화

집사들은 그 요구를 충족시킬 자원을 어디 가야 얻을 수 있는지 알아야한다. 집사들은 자금, 은사, 동원할 수 있는 인력과 시간, 먹거리, 잠자리를 비롯해 교회가 보유한 온갖 자원들을 수집하고 조직화해서 질서 있게 쓰이도록 지휘하고 감독해야 한다.

구체적인 방법들은 다음과 같다.

- 집사 기금(Part 2:8 "집사 기금을 위한 지침"을 보라).
- 섬김 은행(Part 2:9 "섬김 은행의 운영 규정"을 보라).
- 특별한 네트워크들. 필요가 생겼을 때 자금을 기부하거나, 편의를 제공하거나, 그 밖에 다른 자원들을 지원해 주기로 작정하는 가정과 개인들을 모집해 네트워크를 구성하라.
- 사역 그룹(Part 2:11 "사역 그룹 운영"을 보라).

7

지역 사회
실태 조사

사회적인 필요나 결핍은 눈에 쉽게 들어오지 않는다

지역 사회의 필요 조사

교회에 다니는 크리스천들은 대부분 소속된 지역 사회의 상처와 필요를 잘 안다고 생각한다. 하지만 경험에 비춰 볼 때, 그건 착각에 불과하다. 이른바 중산층에 해당하는 이들은 궁핍한 계층과 동떨어져 산다. 일부러 들여다보지 않는 한, 사회적인 필요나 결핍은 쉽게 눈에 들어오지 않는다. 그러므로 공식적이고 치밀하게 설계된 지역 사회 조사가 반드시 필요하다.

분명한 절차를 정하라

- 약속을 잡으라. 조사 대상자를 '불쑥' 찾아가지 말라. 상대방이 얼른 면담을 마치고 본래 예정되어 있던 일로 돌아가고 싶어 한다면, 충분한 정보와 도움을 얻어낼 수 없다.
- 목표를 간단히 설명하라(아래를 참조하라).
- 면담할 때마다, 달리 만나 볼 만한 조사 대상자가 있으면 추천해 달라고 부탁하라.
- 조사에 응한 이들 가운데 상당수가 면담자나 그 교회에 도움을 요청할 수도 있다. 적잖은 조사원들이 처음 면담하는 이에게 긍정적으로 반응하는 경향을 보인다. 하지만 조사가 진행되면서 모든 요구에 부응할 수 없음을 알게 된다. 조사하는 동안은 묵시적이든 아니든, 그어떤 약속도 하지 않도록 조심하라.

목표를 설정하라

목표 1 : 필요의 종류, 정도, 집중 상태와 소재를 파악하라.

특히 빈곤층, 노년층, 미혼모, 사별, 또는 이혼으로 혼자 자녀를 키우는 한부모 가정, 소외 계층의 아동, 소년범, 신체·정신 장애인, 재소자와 전과자, 난민을 수소문하라.

목표 2 : 지역 사회에서 궁핍한 이들의 필요를 채우기 위한 프로그램을 운용하고 있는 기존 공공 및 민간 기관을 파악하라.

존재 자체만이 아니라 효율성의 수준까지 알아보는 데 목표를 둔다. '위탁 연결(referral) 사역'에 그런 기관들의 목록을 본보기로 수록해 두었다.

목표 3 : 지역 사회의 필요와 제공된 섬김 사이의 차이를 파악하라.

도움을 주는 행동에 나서지 않아서(또는 충분치 않아서) 아직 채워 주지 못하고 있는 요구는 무엇인가?

관계 기관에 연락하라

지방 자치 단체의 복지, 또는 사회복지 부서에 다음과 같이 문의하라.

- 문의 : 지리적으로 특정한 필요가 있는 또는 결핍이 집중된 지역(가령, 난민이나 가난한 노년층이 많이 모여 사는)이 있는가?
- 문의 : 얼마나 많은 사람이 이 지역에서 혜택을 받고 있는가? 저소득층 의료 보호(Medicaid), 보충 영양 지원 프로그램(Food Stamps), 요부양아동보조(Aid for Dependent Children, ADC), 실업자 수, 생활 보조금(Supplementary Security Income, SSI) 등 관련 통계 자료를 확인하라. 대한민국의 경우, 각 지자체나 행정복지센터에 문의하면 도움을 받을 수 있다.
- 문의 : 사실상 실업 상태로 수입원이 없는 이들은 얼마나 되는가?(이 수치를 실업자 수에 더하라)

- 문의 : 이런 지역에 거주하는 형편이 어려운 이들에게 도움을 주기 위해 어떤 서비스나 자원들이(사회 사업 부서를 제외하고) 운용되고 있는가? 이를 위해 어떤 민간 단체나 자원봉사 조직이 있는가? 지역 사회 봉사활동 관련 지침이 마련되어 있는가?
- 문의 : 현재의 지원 체계에서 대처가 가장 미흡한 필요는 무엇인가? 교회가 재정적 · 인적 지원에 나선다면, 어떤 필요를 채울 수 있다고 보는가?
- 문의 : 필요를 알려 주고 우리가 보유한 자원들을 어려움을 겪는 이들의 필요와 연결하도록 도와줄 수 있는가? 우리 자원봉사자들을 교육해 줄 수 있는가?

인구 조사와(또는) 도시 계획 관련 부서에 다음과 같이 문의하라.

기존 통계자료를 살피거나 문의하라.

- 지역별 소득 수준
- 지역별 세대주의 직업 및 교육 수준
- 지역별 가족 및 주택 규모, 부동산 가치
- 한부모 가정과 단독세대 수
- 인종, 나이, 국적 및 언어별 인구 분석

향후 인구 변화 추이를 살피거나 문의하라. 이런 통계자료들을 바탕으로 사회적인 필요와 그 수요가 집중되는 지역 양면에 걸쳐 다양한 내용을 추론할 수 있다.

보건 및 병원 사회복지 관련 부서에 다음과 같이 문의하라.

주요한 필요들은 무엇이며 지리적으로 어떤 지역에 분포되어 있는가? 재가 노인 · 장애인 · 유아 돌봄, 영양 문제, 그 밖에 고질적인 보건 문제와 관련된 통계자료를 요청하라.

그 밖에 어떤 민간 단체와 자원봉사 기구들이 보건 의료 분야의 필요를 채우고 있는가? 관련된 지침이 마련되어 있는가?

다시 질문하라.

- 보건 의료와 관련해, 현재의 서비스 체계에서 대처가 가장 미흡한 필요는 무엇인가?
- 교회가 재정적·인적 지원에 나선다면, 어떤 필요를 채울 수 있다고 보는가?
- 필요를 알려 주고 우리가 보유한 자원들을 어려움을 겪는 이들의 필요와 연결하도록 도와줄 수 있는가?
- 우리 자원봉사자들을 교육해 줄 수 있는가?

정신건강 관련 부서에 다음과 같이 문의하라.

정신지체와 정신질환을 비롯해 부서에서 지속적으로 추적하고 있는 여러 범주의 통계자료를 요청하라. 각 범주의 생활 조건을 문의하라. 시설, 가족이 함께 지내는 가정, 독립 주택, 특화된 주택에서 지내는 이들이 각각 얼마나 되는가?

그 밖에 어떤 민간 단체와 자원봉사 기구들이 정신건강 분야의 필요를 채우고 있는가? 관련된 지침이 마련되어 있는가?

다음과 같이 질문하라.

- 정신건강과 관련해, 현재의 서비스 체계에서 대처가 가장 미흡한 필요는 무엇인가?
- 교회는 어떤 필요를 채울 수 있다고 보는가?
- 필요를 알려 주고 우리가 보유한 자원들을 어려움을 겪는 이들의 필요와 연결하도록 도와줄 수 있는가?
- 우리 자원봉사자들을 교육해 줄 수 있는가?

공립학교 관계자들에게 다음과 같이 문의하라.

다음과 관련된 통계수치와 지역 분포를 문의하라.

- 한부모 가정들
- 무단결석과 비행
- 자녀들을 부양할 능력이 없는 가정들
- 약물 및 알코올 남용
- 아동 학대
- 적절한 영양 공급과 건강 관리를 받지 못하는 가정들
- 청소년 임신
- 훈련이 필요한 어린이와 청소년에 대해 물으라

다음과 같이 질문하라.

- 그 밖에 어떤 민간 단체와 자원봉사 기구들이 이런 분야의 필요를 채우고 있는가?
- 관련된 지침이 마련되어 있는가?
- 현재의 서비스 체계에서 대처가 가장 미흡한 필요는 무엇인가?
- 교회는 어떤 필요를 채울 수 있다고 보는가?
- 필요를 알려 주고 우리가 보유한 자원들을 어려움을 겪는 이들의 필요와 연결하도록 도와줄 수 있는가?
- 우리 자원봉사자들을 교육해 줄 수 있는가?

그 밖의 다른 단체들에 다음과 같이 문의하라.

경찰서, 가정법원, 보훈기관, 다른 성직자, 직업 소개 및 상담 사무소, 지역의 부동산 중개업소에도 찾아갈 수 있다.

각 기관에 가서 물어보라.

- 어떤 필요들이 존재하는가?
- 기존 서비스에는 어떤 것들이 있는가?
- 필요와 서비스 사이에 어떤 차이가 있는가?

세 가지 목표(필요, 섬김, 필요와 섬김 사이의 차이)를 틀로 삼아 조사한 내용을 정리하라.

8

집사 기금을 위한 지침

자비 사역은 시간과 비용이 많이 드는 일이다

집사 기금이란 형편이 어려운 이들을 돕기 위해 따로 떼어놓은 자금을 말한다. 규모나 재정 상황과 상관없이, 어떤 교회든 기금을 설립할 수 있다. 다음은 집사 기금의 운용 규정이다. 혹시 이 틀을 가져다 사용하려 한다면, 먼저 저마다의 사정에 맞춰 가다듬을 필요가 있다.

집사 기금 사용을 위한 지침

목적
- 명칭은 '집사 기금'으로 한다.
- 이 기금은 재정적·신체적으로 어려움을 겪고 있는 이들, 영적·경제적으로 교회의 지원이 필요한 이들을 돕는 일에 독점적으로 사용한다.

기금 조성
- 이 기금은 해마다 교회가 운영 예산 가운데 일부로 편성해 제공하는 출연금으로 조성한다.
- 집사회가 당회의 승인을 받아 주관하는 예배의 특별 헌금으로 기금을 보완할 수 있다.
- 집사 기금 명목의 지정헌금을 받을 수 있다.

기금 사용
- 회계 담당자는 긴급한 상황에 대비해 항상 일정액의 현금을 언제라도

출금할 수 있는 계좌에 보관한다.

- 긴급한 상황이 발생했을 경우, 집사 두 명이 그 필요성에 동의하면 집사회 전체의 합의 없이 사전에 규정된 범위의 기금을 지출할 수 있다. 정해진 액수를 초과하는 지출은 집사회 과반수의 승인을 받아야 한다.

우선순위

필요의 우선순위를 세우라.

첫째, 그해에 선순위 그룹에 수요가 있을지 판가름 날 때까지 후순위 그룹에 대한 지원을 보류해야 한다는 뜻은 아니다.

둘째, 선순위 그룹에 대한 지출이 통상적으로 더 크고 광범위해야 한다는 의미다. 자원이 명백히 제한적일 때, 집사회는 여러 가지 필요들 가운데 우선순위가 높은 쪽부터 채워 주어야 한다.

- 같은 믿음의 공동체에 속한 구성원(갈 6:10)에게 우선순위를 두라.
  - 은퇴한 교인(노인)
  - 한부모 가정
  - 환자와 장애인
  - 기타
- 등록하지 않고 예배만 참석하는 크리스천
- 그 밖에 다른 크리스천
- 그리스도를 믿지 않는, 교인들의 친구와 친척
- 교인들의 이웃이나 같은 지역에 사는 비그리스도인
- 그 밖에 그리스도를 믿지 않는 이들을 우선순위에 두라

- 집사회에 요청이 접수되면 두 명의 집사가 심사해야 한다.
- 지원 대상자로 추천하기로 한 경우, 심사를 담당한 두 집사는 사역팀을 꾸려서 다음 내용들이 포함된 사역 계획을 세운다.
  - 지원 유형(한 차례 현금 제공, 대출, 매월 지원 등)
  - 지원 조건(조건부 지원일 경우)
  - 필요한 다른 사역
- 지원품이나 후원금은 우편으로 보내서는 안 되며, 반드시 집사들이 직접 전달해야 한다.
  - 집사들은 그리스도께서 값없이 베풀어 주셨기에 교회도 나눈다는 도움 이면에 담긴 동기를 항상 설명해 주어야 한다.
  - 도움을 받는 이가 그리스도를 모르고 있다면, 사역 기간 중 적절한 시점에 복음을 전할 필요가 있다.

9

섬김 은행의
운영 규정

이웃을 위해 섬길 수 있는 재능을 축적해서 운영하라

재능 기부를 담당하는 섬김 은행의 운영

섬김 은행(service bank)은 교인들의 은사와 기술을 파악하고 동원해서 실질적인 인간의 필요를 채우는 데 체계적인 방식으로 활용하려는 행동이다.

활동가

코디네이터

1) 활동가들을 훈련하고, 2) 필요한 장비와 물품을 구입하고, 3) 은행을 홍보하고 광고하고, 4) 지원 요청을 접수하고, 동원할 수 있는 자원들을 선별하고, 상담원에게 명단을 넘기고, 5) 상담원에게서 결과를 받아 기록하며, 6) 섬겨 준 이들에게 감사 인사를 전한다.

상담원

1) 코디네이터가 정해 준 순서대로 연락을 취한다. 섬겨 줄 뜻을 보이는 이가 나타나면 연락을 중지한다. 2) 섬김이 잘 마무리되었는지 확인할 수 있도록 작업이 끝나는 대로 섬김 은행 담당자에게 연락해 달라고 부탁하라. 3) 오고간 통화 내용을 빠짐없이 코디네이터에게 전달하라.

인적 자원 확보

참여 의사가 있다면, 코디네이터가 나눠 주는 지원서를 작성해 제출해야 한다. 여기에는 다음과 같은 사항이 포함된다. 1) 이름, 주소, 전화번호. 2) 아이 돌봄, 개인 교습, 바느질, 교통편 제공, 의료, 이동 및 운반, 목공, 정원 관리, 법률 상담, 접대, 전기 관련 작업, 자동차 수리, 회계 및 부기, 전화 연결, 요양 보호, 청소를 비롯해 제공할 수 있는 구체적인 서비스. 3) 상대적으로 쉽게 시간을 낼 수 있는 시간과 요일.

교인이 새로 들어오면 반드시 지원서를 나눠 주어야 하며 매년 갱신해야 한다.

제출받은 지원서는 다음과 같이 보관해야 한다.

- 지원자마다 이름, 주소, 전화번호를 기록한 카드를 만들고 〈자원〉이라고 표시한 파일에 가나다순으로 정리한다.
- 지원서에 등재된 서비스 항목 하나하나마다 섬기기로 자원한 이들 모두의 이름이 적힌 카드를 만들고 〈섬김〉이라고 표시한 파일에 보관한다.

지원 요청 접수

자리마다 '지원 요청서'를 비치해 두고, 목회자가 매주 광고해 알려야 한다. 요청서에는 필요한 섬김의 종류와 수요자를 적는 칸을 마련한다. 요청자가 직접 수혜자가 될 수도 있고 다른 이를 위해 신청해 줄 수도 있다. 요청서를 헌금함에 넣거나 집사, 또는 목회자에게 전달해도 상관없다.

목회자, 장로, 집사, 그 밖에 교회의 누구라도 도움이 필요한 이를 소개할 수 있다. 코디네이터에게 전화해서 누구에게 무슨 필요가 있는지 전달하면 된다.

일반적인 절차

- 코디네이터가 요청서를 접수한다(전화로 요청받은 경우, 지원 요청서를 대신 작성해 준다).

- 필요를 채우기 위해 어떤 섬김이 필요한지 판단한다.
- 〈섬김〉 파일을 살펴서 그 일을 처리해 줄 수 있는 활동가 4-5명을 골라내고 지원 요청서 뒷면에 명단을 적어 둔다.
- 후보자들의 〈자원〉 카드를 하나하나 확인한다. 최근에 섬김 활동에 참여했다는 기록이 있으면 후보 명단에서 이름을 지운다. 남은 후보들에 순위를 매긴다.
- 정리된 카드를 상담원에게 넘긴다(또는 전화로 알려 준다).
- 상담원은 작업을 맡겠다는 활동가가 나올 때까지 명단에 적힌 순위에 따라 연락한다. 활동가에게 작업을 마치는 대로 전화로 알려 달라고 부탁한다.
- 작업이 끝났음이 확인될 때까지 상담자는 진행 상황을 추적한다. 그런 뒤에 코디네이터에게 전화해서 누구에게 연락했고 어떤 응답을 받았는지 알려 준다.
- 코디네이터는 활동가에게 전화해 감사 인사를 전한다.

우선순위

섬김 은행 관리자는 우선순위를 설정해야 한다. 은퇴한 교인들과 형편이 어려운 가정들에 가장 신속하고 폭넓은 도움을 주어야 한다. 정말 가진 자원이 부족해서 스스로 필요를 채울 능력이 없는 이들에게만 지원이 이뤄져야 한다(예를 들어, 변호사로 일하는 교인이 섬김 은행에 연락해서 차고에 페인트칠을 해 달라고 요청하는 식이어서는 안 된다).

10

섬김 은행
설문지

이웃에게 자신의 재능과 시간을 내어 주라

재능 기부 설문지

교제를 굳세게 하고 섬김의 폭을 넓히기 위해 자원을 조사하고자 합니다. 누구에게나 다른 사람에게 베풀 만한 무언가를 가지고 있습니다. 설문지를 작성해서 집사들에게 전달해 주길 부탁드립니다(언제 어디서나, 형편이 어떠하든 섬기는 활동에 참여하기로 약속한다는 뜻이 아님을 잊지 마십시오. 참여 여부는 여러분의 선택에 달려 있습니다).

1. 일반 정보

　　이름 _____　　　　전화번호 _____

　　주소 _____　　　　운전면허가 있습니까? _____

　　사용할 수 있는 차량이 있습니까?　_____

2. 참여할 수 있는 섬김 활동에 표시해 주세요.

　　□ 집에서 아이들을 감독하고 보살피기

　　□ 도움이 필요한 가정에 가서 아이 돌보기

　　□ 공부를 도와주기

　　□ 요리(집에서 만들어 가져다주기)

　　□ 바느질

　　□ 요리(다른 데서 만들어 제공하기)

　　□ 교통편 제공

　　□ 재정적인 조언 및 상담

　　□ 일반 사무(타이핑, 서류 정리, 우편물 발송)

- ☐ 집 안 청소
- ☐ 의료 및 간호 지원
- ☐ 사진 촬영
- ☐ 이동 및 운반(다만, 트럭을 소유하고 있지 않음)
- ☐ 글쓰기
- ☐ 목공
- ☐ 전기 관련 작업
- ☐ 심방
- ☐ 자동차 수리
- ☐ 법률 상담
- ☐ 수공예품 제작
- ☐ 노인들과 말벗해 주기
- ☐ 회계 및 부기
- ☐ 접대(숙박): 제공할 수 있는 잠자리 개수
- ☐ 전화 연결
- ☐ 접대(식사)
- ☐ 소식지 등의 간행물 발송(접기, 봉투에 넣기, 주소 적기 등)
- ☐ 기도(하나님께 꾸준히 구체적인 제목으로 간구)
- ☐ 배관
- ☐ 페인트 칠하기
- ☐ 미용과 옷 단장
- ☐ 벽돌 공사

3. 가지고 있는 재능이나 누군가를 위해 제공해 줄 수 있는 서비스를 적어 주세요.

_____

_____

4. 섬김 활동에 상대적으로 편리한 요일과 시간을 표시해 주세요. 복수 선택 가
   능(선택한 요일이나 시간을 반드시 비워야 한다는 뜻은 아님).

일 ____   월 ____   화 ____   수 ____   오전 ____
목 ____   금 ____   토 ____   오후 ____
                                                 저녁 ____

———————— 섬김 은행과 관련해 자주 듣는 질문들 ————————

**저녁에는 대부분 시간이 된다고 조사서에 적는다면, 언제든 활동할 수 있
도록 늘 저녁 시간을 비워 놓아야 합니까?**

그렇지 않습니다. 평소처럼 자신의 일정을 따라가십시오. 준비가 되
어 있고 뜻과 힘이 있을 때만 요청에 응하면 됩니다. 전화를 건 집사 외
에는 활동가에게 연락한 사실을 아무도 알 수 없습니다.

작업이 지나치게 몰리지는 않을까요?

일이 골고루 분산되도록 힘닿는 데까지 노력하겠습니다. 특정한 활
동가에게 작업이 몰리지 않도록 누구에게 얼마나 자주 요청이 갔는지 철
저히 기록합니다.

형편이 어려우면서도 자존심 때문에 도움을 요청하지 않을 경우는 어떻게 해야 할까요?

그럴 가능성이 충분히 있지만 결국은 자기 손해일 뿐입니다. 다른 누구에게도 상처가 되지는 않습니다.

남들을 이용하려는 이들도 있지 않을까요?

너그럽게 베풀 뜻을 가진 이라면 누구나 이런 위험에 노출되어 있습니다. 하지만 크리스천들은 성령을 체험하거나 하나님의 말씀을 들어본 적이 없는 이들보다는 이런 일을 덜 겪어야 합니다. 관계자들은 분별력을 발휘해서 섬김 은행을 악용해 무책임하게 형제들에게 부담을 떠넘기는 이가 없는지 판단할 것입니다.

기꺼이 나서는 자원자가 너무 적으면 어떡하죠?

갖가지 잠재적인 요인들을 통틀어 섬김 은행을 가장 빨리 무너뜨릴 수 있는 요인입니다. 이런 일이 실제로 일어난다면, 교인들이 영적으로 어떤 삶을 살고 있는지 단번에 보여 주는 중요한 지표가 될 겁니다.

11

사역 그룹
운영

비슷한 사역별로 함께 모여 비전과 짐을 나누라

혼자보다 함께 사역

다음 두 가지 목적(인리치, 아웃리치)을 이루기 위해 모인 5-12명 정도의 작은 모임을 사역 그룹이라고 부른다. 인리치(Inreach)는 그리스도의 장성한 분량이 충만한 데까지 서로 세우기에 힘쓴다. 아웃리치(Outreach)는 복음을 말하고 자비로운 일을 행하여 세상에 증인이 되기에 힘쓴다.

인리치

인리치 프로그램은 다음과 같은 활동들을 아우른다.

- 하나님을 아는 지식을 배움

한 팀을 이룬 식구들은 하나님의 성품을 더 깊이 체감하는 깨달음, 주께 영광을 돌리려는 더 큰 갈망, 그분과 더불어 지내고자 하는 더 풍성한 사랑, 그리고 거룩한 뜻을 더 온전히 분별하고 복종하려는 열심에 이르러야 한다.

- 자신을 아는 지식을 배움

멤버들은 스스로의 은사, 능력, 약점을 더 또렷이 알아야 한다. 영적인 성장과 변화를 꾸준히 이어가는 법을 배워야 한다.

- 남들을 아는 지식을 배움

멤버들은 다른 이들과 성경적인 관계를 맺는 법을 배워야 한다. 서로 사랑하고, 서로 복종하며, 서로 용서하고, 서로 바로 세우는 수고와 위로를 경험해야 한다.

아웃리치

사역 그룹들은 저마다 아웃리치 사명을 선택해야 한다. 아직 무관심 속에 남아 있는 인간의 구체적인 필요를 살펴서 채워 주어야 한다.

--- 사례 ---

세이비어교회(Church of the Saviour, 워싱턴 D.C.)를 비롯한 몇몇 교회의 프로그램을 통해 사역 그룹의 아웃리치 사례를 살펴보자.

- 한 사역 그룹은 노숙인의 후견인이 될 가정을 모집하고 훈련한다. 참여하는 가정이 점점 늘어 100여 곳에 이른다.
- 한 사역 그룹은 지역 농장에 수련센터를 세우고 교회 안팎의 신청자들이 쉬면서 수련할 수 있는 기회를 제공한다.
- 한 사역 그룹은 한 주 걸러 한 번씩 교도소를 찾아 성경 공부를 인도한다.
- 한 사역 그룹은 안정된 공간을 마련해 지능 발달이 더딘 십대 여자 아이들을 위해 성경 공부 클래스를 열고 있다.
- 한 사역 그룹은 놀이터에서 동네 어린아이들을 위한 레크리에이션 프로그램을 운용한다.
- 한 사역 그룹은 어르신들을 위한 학습과 외출을 포함한 다양한 프로그램을 진행한다. 거동이 불편해 집 안에만 있는 이들을 정기적으로 찾아가 만나고 보호자가 없는 경우에는 일주일에 한 번씩 차량 이동을 돕는다.
- 한 사역 그룹은 지역 사회의 아동과 성인들을 대상으로 개인 학습을 도와준다.
- 한 사역 그룹은 가난한 동네의 저소득 가정을 위해 '중고품 할인 매장'을 운영한다.

- 한 사역 그룹은 이웃에게 복음을 전하기 위해 교회에서 방과 후 교실을 열고 성경을 가르친다.
- 한 사역 그룹은 낡고 오래된 건물을 고쳐서 저소득 가정에 합리적인 수준의 월세를 받고 빌려 준다.

사역 그룹 멤버가 되려면

- 크리스천으로 그룹의 목적에 동의하고 헌신해야 한다.
- 다른 멤버들과 함께 명확하고 구체적인 훈련에 충실해야 한다. 최소한 다음과 같은 훈련이 필요하다.
  - 날마다 기도하고 성경을 묵상
  - 일주일에 적어도 한 차례 성경 공부
  - 매주 예배
  - 소그룹 모임 참석
  - 가진 것들 가운데 일정 부분을 주님의 일을 위해 드림
- 아울러, 사역 그룹은 다른 훈련을 정할 수 있으며 멤버들은 최선을 다해 이에 따라야 한다.
- 소그룹 모임에서 멤버들은 다음과 같은 내용을 성실하게 나눠야 한다.
  - 훈련들이 나의 성장에 얼마나, 어떻게 도움이 되며, 나는 어떤 부분에서 성장하지 못하고 있는가?
  - 하나님은 성경을 통해 무얼 가르쳐 주셨는가?
  - 이번 주를 통틀어 '높은' 점수를 줄 만한 일들과 '낮은' 점수에 해당하는 일들은 무엇인가?

사역 그룹의 구성

- 특정한 사역에 열망과 부담을 지닌 한 사람이 비슷한 마음을 품은 다른 크리스천들을 모으기 시작한다. 개인 또는 몇몇이 모인 소그룹은 예배나 그 밖의 다른 모임들에서 선교에 대한 부담과 비전을 나눌 수 있다. 아무 반응이 없으면 때가 올 때까지 기다려도 좋고, 아니면 상대적으로 규모가 작은 선교 사역부터 시도해도 좋다.
- 그룹이 만들어지면 선명한 프로그램과 전략을 짜야 한다.
  - 현재의 필요와 섬김 상황, 프로그램 따위를 조사한다.
  - 그룹이 가진 은사와 자원을 정리해 목록을 만든다.
  - 사역 전략을 세운다.
- 모임에 아웃리치에 대한 부담을 가진 멤버들이 적은 수라도 모이는 한, 사역 그룹은 계속 활동을 이어간다.

12

위탁 연결
사역

지역 사회가 위탁한 사역에 동참하라

사역자들이 지역 사회의 복잡한 사회 사업 기관과 구호 관련 자원들을 꿰고 있다면, 교회는 목회적인 보살핌을 받는 이들에게 소중한 위탁 연결 기관 역할을 할 수 있다.

집사들은 위탁 연결 사역에 균형 잡힌 자세로 접근해야 한다. 한편으로 보면, 교회가 직접 소속된 교인들 가운데 일부를 통해 자비의 손길을 내밀 때, 어려운 처지에 놓인 가정들에 영적으로 더 큰 영향을 미칠 수 있는 게 사실이다. 수많은 사회 사업 단체들이 도움을 주면서 비성경적인 조언과 안내를 곁들일 수도 있다. 그러므로 다른 한편으로, 교회는 가진 자원을 전부 소모하지 말고 지역 사회에서 자금과 지원을 끌어낼 수 있다면 그 자산을 활용하여 사역을 보완할 필요가 있다.

위탁 연결 사역 10가지 범주

집사들은 위탁 연결할 수 있는 인근 지역의 단체들과 정부 기관을 모아서 목록을 만들어야 한다. 미국의 대도시에서는 '유나이티드 웨이'(United Way) 같은 단체들이 주요 기관 리스트를 가지고 있는 경우가 많다. 지방 자치 단체의 복지 분야를 담당하는 부서에서도 관련 단체 주소록을 보유하고 있을 가능성이 높다. 물론, 전화번호부도 반드시 살펴야 할 자료다. 목록에는 각 단체(또는 전문가)의 이름, 주소, 전화번호와 그 밖에 주요 정보(업무 시간, 정책, 요금 따위)가 들어가야 한다.

다음과 같은 유형의 단체와 기관들을 찾아보라.

노인
- 민간 요양 시설
- 노인 주간보호센터

- 은퇴 노인들을 위한 보금자리 주택
- 조부모 위탁 프로그램(노인들에게 특별한 도움이 필요한 어린이들을 위탁해 사회 정서적 발달을 돕는 프로그램 : 역주)
- 어르신 전문 사회복지사
- 퇴직 임원 봉사단
- 퇴직자 협의회
- 퇴직 노인 봉사 프로그램
- 노인 급식 센터
- 지방 자치 단체의 노인복지 관련 부서

어린이·청소년

- 학습 장애 위원회
- 아동 보호 기금
- 어린이 급식 지원 센터
- 아동 학대/방임 전문 사회복지사
- 주간 보호 시설과 어린이집
- 아동 발달 센터
- 청소년 멘토링 프로그램
- 소년법원 관계자
- 입양 기관
- 익명의 부모(Parents Anonymous, 잠재적 범법자로 분류되는 청소년들을 보호 교화하기 위한 미국의 자원봉사 단체 : 역주)
- 학교의 상담 교사

법률

- 법률 구조 기관
- 변호사
- 판사와 검사를 비롯한 법조인
- 소년법원 단기 구류 시설
- 인권 단체와 연결되는 핫라인, 또는 전화번호
- 소년법원 사무실

주거

- 지역 재개발 및 건축 관계 당국
- 임대 지원 봉사단체 사무실
- 시와 도 주택 관련 부서
- 정부의 주택 행정 당국
- 응급 상황을 위한 쉼터
- 정부 지원 임대 주택 단지
- 건축물 검사원

일반적인 지원

- 지자체 복지 관련 부서에서 다음 분야를 맡은 담당자
  - 부양이 필요한 아동보조(Aid for Dependent Children, ADC)
  - 생활보조금(Supplementary Security Income, SSI)
  - 저소득층 의료보호(Medicaid)
  - 사회 보장
  - 보충영양 지원프로그램(Food Stamps)

- 난방비 지원
  - 학교 급식비 지원
- 여행자 지원 단체
- 구세군

장애인 서비스

- 재활센터
- 발달 활동 센터
- 정신지체 서비스 관련 기관
- 정신지체 장애인을 위한 생활 훈련 시설
- 언어 치료 센터
- 특수 장애 전문 단체 및 기관
  - 뇌전증 협회
  - 청각장애인 프로그램
  - 루푸스 재단
  - 뇌성마비
  - 시각장애

보건

- 긴급 구조대
- 암 협회
- 심장협회
- 보건소
- 공중 보건 간호사

- 의사
- 병원
- 건강 관리 사회복지사
- 간 협회
- 비만 관리 프로그램
- 여성 전문 의료기관
- 공중보건 정보를 제공하는 핫라인과 프로그램
- 위기 임신 센터

소비자 정보

- 소비자보호원
- 소비자 신용 상담 서비스 기관
- 임대차 분쟁 조정 위원회
- 고용평등위원회
- 소비자 보호 관련 단체
- 식품의약품안전처

교육

- 문해력 프로그램
- 개별 지도 프로그램
- 정규 과정 졸업에 상응하는 학습 및 학위 프로그램
- 전문학교와 직업학교
- 교육비 보조 관련 정보를 제공하는 기관의 연락처

취업 · 직업

- 고용정보원
- 기숙형 직업훈련학교
- 장애인 직업재활원

그 외

- 취약계층의 인권 보호와 불평등 해소를 위해 일하는 기관
- 숙식 해결이 어려운 이들과 중독, 정신건강 이상을 겪는 이들을 지원하는 단체
- 자원봉사기구
- 군인, 또는 군과 관련된 문제를 지원하는 단체

═══════ 함께 나눌 질문들 ═══════

1. 지역 기관들과 함께 도움이 필요한 이들에게 영적으로, 육적으로 도움을 줄 수 있는 좋은 기회이다. 각각 자신들이 담당할 수 있는 범주가 무엇인지를 나누어 보라.

2. 집사 한 명이 위에 제시한 10가지 범주 가운데 한두 가지를 선택하고 지역에서 동원할 수 있는 해당 분야의 자원을 완전히 파악하게 하라. 자비 사역이 필요할 때마다 그 '전문가' 집사와 상의하거나 그 집사에게 그 일을 맡길 수 있을 것이다.

13

자비 사역
기획서

사역의 전체 그림을 그려 보라

자비 사역 기획서 작성

1. 프로그램 이름 _____

2. 대상 및 채워 주어야 할 필요들 _____

_____

3. 필요를 채우기 위한 기본 프로그램 전략(방법)

_____

_____

_____

4. 소요 자원

• 인력

    1) 투입되어야 하는 인원 _____

    2) 투입되는 활동가의 직책과 계층 _____

    3) 작업의 종류와 그에 따른 기술과 기능_____

    4) 지원자를 별도로 모집해야 하는가? _____

    5) 훈련이 필요한가? _____

    6) 교회에 전담 그룹을 만들어 프로그램을 맡겨야 하는가? _____

• 설비와 장비

    1) 소요 공간의 종류와 크기

    2) 사용 빈도

    3) 그 밖에 소요되는 장비와 소모품

- 재정

    1) 총 예산 _____

    2) 프로그램을 통해 창출되는 수입 _____

    3) 연간 예산 추정치 _____

    4) 프로젝트의 수입원 _____

    5) 프로그램 성패를 평가하는 기준 _____

    6) 현재의 상태에서부터 프로그램 작동 상황에 이르기까지 밟아야 할 단

        계들(단계별 완료일)

        (   )일까지 : _____

        (   )일까지 : _____

        (   )일까지 : _____

    7) 계획에 맞춰 프로그램을 책임질 담당자 :

    8) 그 밖에 예상되는 걸림돌들 :

14

노회
집사연합회

교단과 노회는 개교회보다 더 큰 사역을 할 수 있다

노회 집사연합회란*

집사연합회란 각 지역에서 집사 사역을 감당하기 위해 모인 개교회 집사들의 연합체를 가리킨다.

다음과 같은 이유로, 집사들은 노회와 총회를 통해 연합하여 사역해야 한다.

바울은 마케도니아와 아가야 교회의 자원을 한데 모아 예루살렘 교회의 성도들이 겪는 어려움을 덜어 주었다(롬 15:26). 이는 '연결하는' 집사 사역이다.

장로교회는 '교회'를 지역의 회중보다 더 중요하게 본다. 바울은 사역 전반에 필요한 은사를 다 가진 개인은 존재하지 않는다고 가르친다. 장로들의 '연결하는' 사역을 장려하는 만큼 집사들의 '연결하는' 사역을 강조해야만 한다. 이것이 일관되고 조화로운 교회의 모습이다.

노회 집사위원회의 구성

목적

- 집사들 간의 깊은 교제를 형성한다.
- 집사들의 활동을 권면하고 자비 사역을 독려한다.
- 집사들을 도와 교회와 지역 사회의 필요를 채운다.
- 교회의 활동과 자원을 통합 조정하고 노회 사역의 범위 안에서 필요를 채우는 집사의 역할을 감당하게 돕는다.

---

* 편집자주- 이것은 한국 교회에 없는 조직이다. 하지만 이러한 교회 간의 연합이 필요하다.

위원회 설립 과정

노회 집사위원회(Presbytery Diaconal Committee)를 구성한다.

- 노회의 상임위원회로 제정한다.
- 같은 숫자의 장로와 집사로 구성한다.
- 다른 상임위원회와 마찬가지로, 노회는 집사위원을 지명하는 한 편, 장로위원들을 선출해 위원회를 구성한다.

의무

- 노회 집사위원회는 집사연합회의 실행위원회로 활동한다.
- 노회 집사위원회는 주기적으로 활동 상황을 노회에 보고한다.
- 노회 집사위원회에는 연합회와 함께 목표 수행에 필요한 자금을 모금하고 기금을 지출할 권한이 부여된다. 노회와 별도로 예산을 운용하지만, 노회의 승인을 받아야 한다.
- 노회 집사위원회와 집사연합회는 직원을 채용할 때마다 반드시 노회의 승인을 받아야 한다.

위원 구성

- 노회 집사위원회의 집사위원은 집사협의회에서 선출하며 통상적으로 회장, 총무, 회계 등의 임원을 둔다. 집사위원은 위원회에서만 투표할 수 있으며 노회에서는 투표권이 제한된다.
- 장로위원은 노회의 교육장로와 치리장로로 구성한다.

노회 집사연합회의 구성

노회 집사연합회의 구성과 감독 책임은 노회 집사위원회에 있다.

회원 구성

- 노회에 소속된 각 교회의 안수집사
- 참여를 희망하는 노회에 소속된 교회의 교인

모임

- 우선, 협의회는 1년에 한두 차례 회의를 연다. 노회 집사위원회는 분기마다 적어도 한 차례 이상 회의를 갖는다.
- 협의회가 더 발전된 단계로 나아가려면(아래의 '발전 단계'를 보라) 노회 집사위원회의 회원 전원과 각 교회 집사회에서 파견한 대표들로 이뤄진 이사회를 구성해야 한다. 이 단계에서는 이사회를 분기별로, 노회 집사위원회를 매월, 또는 격월로 열어야 한다.

발전 단계

- 교제 : 초기 단계에서, 집사연합회는 소망과 격려, 부담과 정보를 나누도록 서로를 세워 가는 역할을 한다. 이 단계에서는 노회 소속 교회에 출석하는 교인들이 지닌 은사와 자원을 정리해 목록으로 만드는 작업이 반드시 이뤄져야 한다.
- 교육 : 집사들은 모여서 임무 수행 능력을 끌어올릴 지식과 기술을 습득해야 한다.
- 필요 판별 : 연합회의 일부 회원은 자비 사역을 진행할 때 그 지역의 필요와 기회를 평가하는 기술을 체득해야 한다.
- 자문 : 노회 집사위원회와 연합회의 일부 회원은 집사로서 감당해야 하는 사역을 분석하고 평가하며 활동을 지원하기 위한 프로그

램과 훈련을 제시하는 기술을 키워야 한다.

- 자금 마련 : 노회 집사위원회는 자금을 제공해 집사들이 특별한 필요를 채우거나 지역 교회의 재정으로 감당하기 어려운 프로그램을 시작하는 등의 사역을 지원할 수 있다.
- 후원 : 노회 집사위원회와 연합회는 마침내 독립적인 진행과 감독권을 행사하는 자체적인 자비 프로그램을 시작할 수 있다.

(주의 : 노회 집사위원회와 연합회는 위의 단계들을 순서대로 밟아가며 발전해야 한다. 적절한 훈련과 교육이 선행되기 전에는 부담스러운 필요를 채우려 하거나 야심 찬 프로젝트를 출범시키지 않는 자세가 중요하다.)

시도해 볼 만한 프로그램들

노회 차원의 섬김 은행 설립

노회 차원의 섬김 은행을 설립(Part 2:9 '섬김 은행' 부분을 참조하라)하라.

노회 소속 크리스천들 가운데 집사 사역에 활용할 만한 능력과 은사를 가진 이들을 정리하고 파일로 만들어 보관하라. 의사, 변호사, 판사들은 형편이 어려운 이들이나 봉사자들에게 조언하거나 직접 도움을 줄 수 있다. 기업인, 도급업체 관계자, 생산업체 경영자는 일자리를 소개한다든지, 자매 교회들이 프로그램을 구축한다든지 장비를 구입할 때 자문해 줄 수 있다. 사회학자, 마케팅 컨설턴트, 도시계획 전문가들은 교회 개척이나 복음 전도를 도울 수 있다.

섬김 은행은 지방 자치 단체 공무원, 경찰관, 건축 검사원, 숙련 기능인, 전기와 목공 기술자, 배관 기술자들을 모두 아울러야 한다. 섬김 은행에 지원 요청이 들어오면, 신청 교회가 필요를 채울 충분한 자원을 보유했는지 먼저 심사해야 한다. 문제가 너무 커서 한 지역 교회가 감당하기 어렵겠다는 판단이 들 때, 비로소 섬김 은행이 움직일 수 있다.

노회 차원의 집사 기금

노회 차원의 집사 기금을 설립하라. 노회에 소속된 교회들이 하나같이 정기적으로 기금에 출연하면, 규모가 작은 교회를 비롯해 그 어떤 교회도 필요할 때 도움에서 소외되는 상황이 벌어지지 않을 것이다. 기금은 지역 교회 집사 기금과 비슷하게 운영하면 된다.

기금 지원 직원 파견

기금을 지원하고 직원을 파견하는 데 협력하라. 여러 교회가 힘을 모아 위기 임신 센터, 주택 개량 프로젝트, 저가 의류 판매점 등에 자금을 댈 수 있다. 교단이 저소득층 밀집 지역의 교회와 아울러 중산층이 거주하는 부유한 지역 대도시 교회들을 아우르는 상황이야말로 이런 협력이 이뤄지는 데 가장 이상적인 상황일 것이다. 저소득층 거주 지역의 교회는 이웃들에게 집사 사역의 손길을 내밀어야 한다.

═══════════ 함께 나눌 질문들 ═══════════

1. 연합회를 구성하도록 노회에서 어떻게 집사들에게 도전할 수 있는가? 노회의 어떤 상임위원회와 상의해 볼 수 있겠는가?

실천해 보기

1. 지금까지 공부한 내용 가운데 가장 중요한 점은 무엇인가? 목록을 작성해 보라.

2. 교회에서 실천해 보고 싶은 일 두세 가지를 골라 적어 보라.

3. 계획을 실행하려면 다음 중 무엇이 있어야 한다고 생각하는가?

     —— 더 많은, 또는 더 나은 정보(프로그램, 교회, 공동체 등)인가? 구체적으로 어떤 정보가 필요한가?
     —— 더 많은, 또는 더 나은 기술(능력, 전문 지식 등)인가? 구체적으로 어떤 기술이 필요한가?
     —— 핵심적인 인사들이 제공하는 더 많은, 또는 더 나은 지원인가? 어떤 인물의 지원이 필요한가?
     —— 더 많은, 또는 더 나은 자원(돈, 시설, 인력 등)인가? 어떤 자원이 필요한가?

4. 부족한 요소들을 확보할 간략한 계획을 세우라. 어떻게 정보를 얻고, 기량을 키우고, 사람들의 지원을 얻고, 재정을 모을 것인가?

Resources for
Deacons

Part 3

집사 사역의 종류

공동체와 세상에 사랑을 심다

---

* 일러두기 - 공동체와 세상에 사랑을 심기 위해 도움을 줄 수 있는 한국 내 다양한 기관들을
찾아보고 협력하면 좋다.

1

빈민 사역

궁핍한 이들을 위한 사역

다음은 가난한 이들의 필요를 헤아리고 보살피기 위해 교회들이 도전해 볼 만한 사역들의 몇 가지 본보기들이다.

긴급한 필요

집사 기금을 마련하라.

순전히 자비 사역에만 투입되는 상당한 액수의 자금을 가리킨다.

'자비 곳간' 또는 '사랑 창고'를 준비하라.

위기 상황을 맞았거나 가계수익과 사회복지 혜택만으로는 먹고 살기에 턱없이 부족한 이들에게 무상으로 나눠 줄 고단백 식품을 준비한다. 자원봉사자들이 정기적으로 '헌물'을 받아 모은다. 집집마다 매월 통조림 하나를 하나님 앞에 드리는 운동을 해 보자. 우유나 빵처럼 쉽게 상하는 식료품의 경우에는, 이를 공급하는 계좌로 현금을 보내도 좋다. 지역 시장이나 식품 가공 공장과 계약을 맺고 음식을 무상, 또는 아주 낮은 가격에 제공받을 수도 있다. 텃밭도 식품을 얻는 또 하나의 공급처가 된다. 교회는 보유한 토지 가운데 일부를 텃밭으로 활용해 곳간에 넣을 먹거리를 생산할 수 있다.

'연결'이 원활하게 이뤄지고 있는지 확인하라. 다른 사회구호 기관들과 협력해 응급 상황을 통보받을 수 있는 장치를 마련하라. 임대료가 낮은 주택들이나 노인들이 거주하는 가구, 재활용 상점을 비롯해 지극히 제한된 생활비로 살아가는 시민들이 볼 수 있는 곳마다 곳간 광고를 내거는 것도 긴급한 수요를 파악하기 위해 써 볼 만한 방법이다.

곳간을 교회에 두어 도움이 필요한 이들이 찾아왔을 때, '시간'을 끌지 않고 교회 직원 누구라도 창고를 열어 섬기게 하라. 이용자가 '싼 물건만 찾아다니는' 넉넉한 계층은 아닌지 검증하는 게 중요하다. 아울러, 한 집이 여러 차례 곳간을 이용하는 경우, 스스로 일어설 계획이 있거나 그 계획이 진행 중인지 가족들과 상담하는 과정이 꼭 필요하다.

개교회, 또는 여러 교회가 연합으로 곳간(또는 창고)을 운영하는 방법을 설명하는 좋은 출판물들이 많이 나와 있다.

나눔 옷장(Clothing Closet)을 준비하라.

깨끗이 세탁하고 깔끔하게 수선한 의류를 '자비 곳간'과 상당히 흡사한 방식으로 무상 배포할 수 있다. 여기에도 똑같은 원칙이 적용된다. 봉사자들은 의류를 수집, 분류, 수선하고 수요자들이 고르기 쉽게 정리하고 펼쳐서 내놓는다.

프로젝트를 시작하기 전에 지역 사회를 조사해 실수요가 있는지 확인해야 한다. 숱하게 많은 기관과 단체들이 재활용 의류를 나눠 주고 있다. 지역에 따라서는 의류 공급 과잉이 일어나기 십상이다.

주거 지원을 준비하라.

긴급 쉼터가 필요한 이유는 갖가지다. 가계 수입이 끊어지거나 훌쩍 뛴 임대료를 따라잡지 못하는 가정이 있다. 법적 절차에 따라 퇴거 명령을 받은 경우도 있다. 화재나 홍수 역시 집을 사용하지 못하는 요인이 된다. 집주인의 부주의가 문제가 되기도 한다. 시내에 숙소가 필요한데(예를 들어, 입원한 가족을 간호해야 할 때처럼), 수입이 없거나 생활비가 떨어졌을 수도 있다. 교회는 나그네를 대접하라는 성경의 명령을 잊지 말아야 한다.

교회는 다양한 방식을 선택할 수 있다. 첫째, 집주인, 임대 사업자, 지역 숙박업소와 업무상 협력관계를 맺는다. 수요가 발생하면 집사는 소유주에게 가서 임대료를 지불하고 필요한 개인이나 가정에 숙소를 제공한다. 둘째, 교회에서 형편이 어려운 이에게 주거를 제공할 수 있는 가정을 모아 네트워크를 구성한다. 셋째, 교회가 건물을 구입해서 일부, 또는 전부를 가난한 이들을 위한 주거 공간으로 활용한다. 넷째, 몇몇 집사들에게 '후견인' 역할을 맡겨 집주인이 주거 공간을 더 적절하게 관리하게 한다. 후견인들은 또한 어려운 처지에 몰린 가정이 강제 퇴거를 면하도록 특별 보조금을 지급할 수도 있다.

연결 및 섬김 핫라인을 준비하라.

교회는 신체적인 어려움을 겪고 있는 이들이 연락할 수 있는 전화번호를 광고해 도움을 제공할 수 있다. 수요자가 그 번호로 전화를 걸어오면 봉사자는 필요를 채워 줄 수 있는 지역 사회의 관련 단체에 연결해 준다. 교회가 그만한 역량을 갖추고 있다면, 그 안에서 필요를 채워 줄 수 있는 그룹이나 개인과 연결한다.

교통 봉사자를 모집하라.

이동 수단이 필요하지만 구할 데가 없는 가정을 위해 교회의 봉사자들은 시간과 차량을 제공할 수 있다. 이런 도움이 간절한 대표적인 본보기로 어르신들을 꼽을 수 있다. 집사들은 어떤 유형의 이동이 적합한지 판단한다(예를 들어, 의사를 만나러 가는지, 슈퍼마켓에 가는지에 따라). 교회는 지역 의료인, 목회자, 사회복지사에게 연락해 섬김 내용을 설명하고 연결을 부탁한다. 보험 적용과의 연관성을 반드시 검토해야 한다.

식료품점을 개설하라.

개교회, 또는 여러 교회가 힘을 모아 가난한 이들에게 초저가로 식품을 판매하는 특설, 또는 상설 매장을 열 수 있다. 많은 수요가 몰리는 대도시 지역에서는 '먹거리 나눔 상자'(food closet)보다 이편이 한결 나은 사역이다. 식료품점은 '헐값 상품'을 노리는 중산층의 손이 닿지 않는 저소득 가구 밀집 지역에 자리 잡아야 한다. 판매 수익은 건물이나 장비 임대료로 사용할 수 있다.

옷 가게를 열라.

개교회, 또는 여러 교회가 힘을 모아 식료품 가게와 비슷한 맥락으로 중고 의류를 판매하는 매장을 열 수 있다. 앞서 중고 의류 프로그램을 다루면서 이야기한 '나눔 옷장' 관련 설명을 다시 읽어 보라. 이를 여러 가지로 변형한 사역도 가능하다.

예를 들어, 이글뷰트제일침례교회(First Baptist Church of Eagle Butte, S.D.)는 인근 인디언 보호지구에서 신생아가 태어날 때마다 완전히 구색을 갖춘 유아복 묶음을 만들어 전달한다.

주거를 확보하라.

긴급 쉼터 말고도 시내의 저소득층 밀집 거주 지역에는 합리적인 가격에 적절한 거주지를 확보하고자 하는 필요가 늘 존재한다. 교회들 가운데는 개별적으로, 또는 연합으로 주택을 매입하고 수리해서 저소득 가정에 세를 주고 있다. 알맞은 임대료에 거주 공간을 내주고 임대 단지 안에 성경 공부를 비롯한 여러 사역들을 구성해 말과 행동으로 그리스도를 꾸준히 드러내 보인다.

대도시 뉴욕에서는 남침례교회 소속 크리스천들이 가정 선교 책임자의 조력 아래 비영리 단체, 톤(TONE)을 조직해서 바로 그 일을 해내고 있다. 미주리 주 세인트루이스의 PCA 교회의 크리스천들도 코너스톤 코퍼레이션(Cornerstone Corporation)을 세우고 비슷한 사역을 감당한다. 저소득층 거주 지역을 재건하고 수리하는 작업도 이 사역의 또 다른 형태로 볼 수 있다. 워싱턴 D.C.의 세이비어교회에는 값없이 노동력을 제공해 이 일을 하기로 헌신한 기술자들로 구성된 '복구단'(Restoration Corps)이라는 선교팀이 있다.

직업 훈련과 일자리 알선에 대해서는 Part 4:3(228쪽)을 보라. 재정 상담은 Part 4:2(223쪽)를 보라.

진료소를 마련하라.

응급 상황이 벌어지면, 일반적으로는 형편이 어려운 이들 역시 통상적인 경로를 통해 의료 혜택을 받을 수 있다. 하지만 나이가 많거나 궁핍한 이들은 적절한 건강검진과 관리를 받지 못하기 일쑤다. 이들의 수입으로 감당하기에는 정기적으로 병원을 찾아 의사를 만나는 비용이 너무 비싸기 때문이다. 지역에 따라 공중보건 부서들이 적절하게 기능할 수도 있고 그렇지 않을 수도 있다.

적잖은 교회들이 적십자사, 지역 보건당국, 또는 마음 따뜻한 의사와 의료인들의 도움을 받아 무상으로 서비스를 제공하는 상설, 또는 임시 진료소를 세웠다. 세이비어교회는 워싱턴 주 워싱턴 D.C.의 보건 문제가 심각한 저소득층 밀집 거주 지역에 그런 진료소를 운영한다.

진료소는 일반 진료를 할 수도 있고 전문 진료를 할 수도 있다. 해당 지역에 특정한 보건 수요가 있다면 전문 진료소를 운영하는 게 최선이다. '웰 베이비'(Well Baby) 클리닉은 어린 미혼모나 싱글맘을, 혈압 및 당뇨 클리닉은 어르신들을 돕는다.

지역 사회 심방이 필요하다.

어떤 교회들에서는 소속 활동가들이 시내의 낙후된 지역을 입양하고 가가호호 찾아가서 관계를 발전시키고 집사 사역이 필요한 부분을 살펴서 도움을 준다.

경제협동조합도 필요하다.

조합은 도움이 필요한 이들이 스스로 후원하는 서비스 조직을 소유하는 경제 구조다. 조합은 여러 핵심적인 측면에서 기업과 다르다. 첫째, 기업은 이윤으로 대중에 봉사하기 위해 존재하는 반면, 협동조합은 자금 지급을 통해 조합원들에게 봉사할 목적으로 존재한다.

둘째, 기업은 한 주당 하나의 투표권이 부여되어 돈의 지배를 받는 데 비하여, 조합은 한 조합원이 하나의 투표권을 지녀 사람의 통제를 받는다.

셋째, 기업에서는 이윤을 소유 주식의 지분에 따라 주주에게 지급하는 반면, 조합에서는 잉여수익을 후원에 비례해 조합원들에게 나눠 준다.

궁핍한 공동체들에게 조합은 세 가지 면에서 큰 도움이 된다. 첫째, 조합은 감당할 만한 가격으로 궁핍한 이들에게 재화와 용역을 제공할 수 있다.

둘째, 일반적으로 사업체를 소유한 이들은 빈한한 지역 공동체 속에 거주하지 않으므로 사업 소득이 지역 사회 밖으로 흘러 나간다. 협동조합의 경우, 사업을 통해 벌어들인 수익금이 지역 사회를 벗어나지 않고 개인 소득, 저축, 자본, 일자리 창출 따위로 이어진다.

셋째, 조합은 궁핍한 이들의 소유이므로 자립의 기반이 된다. 형편이 어려운 이들에게 혜택을 주어 전문 기술을 키우게 한다. 가난한 이들의 공동체 이탈을 줄이고 사회경제적인 조건을 끌어올린다.

협동조합은 누구나 만들 수 있다. 조합을 시작하려면 자본과 관련 분야의 전문 지식이 있어야 한다. 지역 사회의 필요에 민감한 교회는 낙후된 공동체에서 협동조합을 출범시키는 데 필요한 창업 지원을 제공할 수 있다. 주택, 식품, 농자재, 약국, 신협 등 다양한 분야의 협동조합이 필요할지 모른다. 그런 사업은 규모가 크고 거창한 일이다. 당연히 많은 연구가 따라야 할 것이다.

문해력 프로그램을 운영하라.

소외 계층 청소년, 글을 읽지 못하거나 비영어권 출신 성인들을 위한 개인 지도 수요가 특별히 높은 지역 사회들이 있다. 다음 기관들과 연락해 도움을 받으라.

커뮤니티 센터를 찾으라.

낙후된 지역 사회에 세워진 커뮤니티 센터를 통해 아주 다채로운 교육, 레크리에이션. 문화 프로그램을 제공할 수 있다.

교회가 보유한 자원과 지역 사회의 필요를 바탕으로 생각해 보라.

1. 지금까지 소개한 사역 가운데 곧바로 어떤 사업을 추진해 보고 싶은가?

2. 지금까지 소개한 사역 가운데 궁극적으로 어떤 사업을 추진해 보고 싶은가?

3. '발전적인 필요'를 위해 이미 운영하고 있는 교인 시설 리스트를 작성해 보라. 추가로 꼭 필요한 시설은 무엇인가?

4. 교회 내 '발전적인 필요'를 위해 봉사자를 확보할 수 있는가? 교회 외부에서 도움을 줄 수 있는 기관들을 찾고 도움을 요청하라.

실천해 보기

1. 관심이 가는 프로그램 두 가지를 고르라.

2. 프로그램을 연구하라. 같거나 비슷한 프로그램을 운용하는 교회, 국가 또는 지방 자치 단체의 관련 부서를 비롯해 다양한 단체에 편지를 보내고 직접 찾아가라.

3. 프로그램 시안을 작성해 보라(Part 2:13의 '자비 사역 기획서'와 관련된 글을 읽어 보라).

4. 운영 방식과 정책, 업무 내용, 효율성 평가 기준, 사전 훈련과 보수 교육 등을 포함해 조직의 얼개를 짜라.

5. 교회가 그런 프로그램을 움직일 만한 자원을 보유하고 있는지 판단하기 위해 타당성 조사를 시행하라. 필요한 숙련·비숙련 인력, 필요한 인시(man-hour), 필요한 예산, 필요한 시설, 교인들에게 필요한 마음가짐 따위를 어림잡아 보라.

6. 필요한 자원들을 다 얻었는가? 필요한 자원들을 얻을 수 있는가? 언제, 어떻게 얻을 수 있는가? 다른 교회들과 협력해 추진하는 쪽이 더 나을 수도 있지 않은가?

2

난민
재정착

난민을 위한 사역

1975년부터 공산주의자들의 억압을 피해 베트남과 라오스, 캄보디아에서 탈출한 이들이 어림잡아 100만 명에 이른다. 배를 타고 베트남을 빠져나온 이들 가운데 20-60퍼센트 정도는 아마 피난처를 찾으려 안간힘을 쓰다 숨졌을 것이다. 몽족 4만 명 정도가 라오스에서 태국으로 도망쳤지만, 얼추 그만큼은 피난을 시도하는 과정에서 사망했을 가능성이 크다. 약 6만 명의 라오스인들이 정부에서 세운 수용소에 갇혔고 20만 명 정도는 태국으로 넘어온 걸로 보인다. 베트남의 공산주의 정권은 100만 명 넘는 중국계를 자국민 가운데서 완전히 지워 버리는 프로그램을 충실히 이행했음에 틀림없다. 100만에서 300만에 이르는 캄보디아인들이 공산주의자들의 잔인한 통치 아래 곳곳에서 목숨을 잃었으며, 500만 명이 넘는 이들은 아사를 막으려는 국제사회의 노력에 기대어 연명하고 있다.

동남아의 여러 캠프에 꽉꽉 들어찬 수많은 난민은 재정착이 시급하다. 다른 나라들이 받아주지 않으면 십중팔구는 도망쳐 나왔던 땅으로 송환돼 죽음을 맞게 될 것이다.

존 스킬턴(John H. Skilton, Ph. D.)

1980년 5월

크리스천이 움직여야 한다

크리스천은 가진 걸 다 빼앗기고 집마저 잃은 동남아의 숱한 생명들을 외면할 수 없다. 예수님의 비유에(눅 10:30-37) 나오는 사마리아인처럼 행동해야 한다. 난민들 가운데서도 크리스천들에 대해서는 더 특별한 책임이 있음은 두말할 필요가 없다. 주님은 대단히 특별한 방식으로 난민들과 자신을 하나로 여기며(마 25:31-46), 그리스도를 모르는 이들을 포함해 뭇사람들에게 선을 행하라고 명령하시고(갈 6:10), 곤궁한 이들 가운데서 이웃을 찾으시기(눅 10:36-37) 때문이다. 하나님 백성은 나그네와 거류민의 어려운 처지를 남다른 시각으로 바라보아야 한다(신 10:18-19, 벧전 1:1; 2:11). 크리스천이라면 난민들이 죽어 가게 버려 두어서는 안 되며, 구주의 사랑을 보여 주어야 한다.

크리스천이 할 수 있는 일

크리스천이 할 수 있는 몇 가지 일들을 소개한다.

난민들을 위해 기도하라.

난민들을 위해 열심히 기도하고 우리에게 지혜를 주셔서 그들에게 도움을 줄 가장 좋은 방법을 찾게 해 주시길 간구하라.

난민들을 후원하라.

교회와 가족, 다양한 크리스천 그룹들이 후원자가 되어 난민들의 재정착을 지원할 수 있다. 그렇게 하면서 법적이 아닌 도덕적 책임을 지는 것이다. 이런 책임에는 가까운 공항에 나가서 난민들을 환영하고, 거처를 제공하고, 가구와 침구, 의류, 수저, 주방용품 및 초기 식료품 따위를 공급하고, 신체검사와 치과 검진과 치료를 주선하며, 생소한 문화를 소개하고, 언어 교습, 학교 교육, 취업을 준비해 주고, 생활보호와 식료품 지원, 무상 의료 및 치과 진료를 받을 수 있도록 조정하는 따위의 일들이 모두 포함된다. 후원자는 난민들에게 말과 행동으로 그리스도의 사랑을 보여야 하며 그리스도인의 예배로 초대해야 한다. 동남아시아의 여러 언어로 된 성경과 소책자 등을 마련해 놓아야 한다.

미국의 경우, 난민들을 후원하기 위해 밟아야 할 첫 단계는 미 국무부와 협력하는 봉사 단체들 가운데 난민들의 초기 재정착과 관련된 문제들을 다룰 권한을 부여받은 기관 가운데 한 군데와 접촉하는 것이다. 여기에는 다음과 같은 단체들이 포함된다.

- World Relief Services, National Association of Evangelicals의 한 부서, P.O. Box WRC, Nyack, NY 10960 / 914-353-0640). 지원 대상은 NAE와 관련된 개인이나 단체에 국한되지 않는다.

- Lutheran Immigration and Refugee Service, 360 Park Avenue South, New York, NY 10010/ 800-223 7656 또는 7657. 필라델피아에서는 Lutheran Children and Family Service, 2900 Queen Lane, Philadelphia, PA 19129 / 215-951-6850. 루터교인이 아니어도 서비스를 이용할 수 있다.

전국적인 규모의 자원봉사 단체들은 후원자들을 다각적으로 지원한다. 예를 들어, Lutheran Children and Family Service는 다중언어를 구사하는 직원의 조력, 번역과 언어 지원 및 안내, 주거와 일자리 정보 제공, 사회 복지 지원, 맞춤 법률 지원, 동남아시아 국가의 역사와 관습에 관한 소식 전달, 후원 안내 팸플릿 배포 따위의 서비스를 제공한다. 필요한 경우, 난민들이 생활 보호, 식료품 지원, 의료 및 치과 진료 지원을 받을 수 있도록 돕는 후원자들의 활동을 지원한다. 난민들에게 제2외국어로 영어를 가르치는 이들을 위한 훈련 프로그램과 지침서를 마련하고 지역에 따라서는 난민들의 요구에 부응해 영어 강좌를 개설한다. 교육을 포함한 다양한 자원에 관한 자료는 후원자와 난민, 모두에게 공개되어 있다. Skilton House, 930 W. Oleny Avenue, Philadelphia, PA 19141 / 215-924-2426로 문의하라.

동남아시아 각국의 언어로 된 성경과 소책자 자료들은 여러 단체에서 구할 수 있다. 지금 쓸 수 있는 자료 목록을 확인하려면 다음 기관들에 연락하라.

- 미국성서공회, 1865 Broadway, New York, NY 10023.
- 국제기드온협회, 2900 Lebanon Road, Nashville, TN 37214.
- American Scripture Gift Mission, 1211 Arch Street, Philadelphia, PA 19107.
- World Relief Refugee Services, P.O. Box WRC, Nyack, NY 10960; and the Far.
- 미국극동방송, P.O. Box 1, La Mirada, CA 90637.

어린이 가족 위탁 보호

이 프로그램과 관련된 정보를 구하려면 다음 기관에 연락하라.

Lutheran Immigration and Refugee Service(360 Park Avenue South, New York, NY 10010 / 800-223-7656).

어린이 입양

〈캄보디아 액션 업데이트〉(Cambodian Action Update)는 태국 난민촌에서 입양을 기다리는 라오족, 크메르족, 몽족과 베트남 어린이가 2백여 명에 이른다고 보도했다(1980년 5월 2일 자, pp. 7-8). 추가 정보를 얻으려면 Cambodia Crisis Center, 1523 L Street NW, 6th Floor, Washington,DC 20005 / 202-347-4910로 연락하라.

캄보디아 기아 구조 활동 지원

Committee on Diaconal Ministries of the Orthodox Presbyterian Church(c/o Rev. Lester R. Bachman, 806 Dorsea Road, Lancaster, PA 17601)를 비롯한 교회와 집사 사역 위원회들을 통해 기부 금품을 전달할 수 있다.

아니면 기아대책기구(Food for the Hungry, Box E, Scottsdale, Arizona 85252), 월드비전(World Vision International, P.O. Box O, Pasadena, CA 91109), World Relief Refugee Services(P.O. Box WRC, Nyack, NY 10960)로 직접 보내도 좋다(기아대책, 월드비전은 한국에도 있다). 의료를 포함해 여러 분야에서 자원봉사자로 일하려면 위의 기관들과 더불어 앞서 이야기한 Lutheran Immigration and Refugee Service에 문의하라.

정착 난민 지원

교회의 후원을 받지 못하는 수많은 난민들이 다양한 형태의 지원을 기다리고 있는 형편이다. 이미 여러 가정들을 후원하고 있는 교회들로서는 추가 지원이 반가울 수밖에 없다. 후원 제안은 Skilton House, 930 W. Olney Avenue, Philadelphia, PA 19141 / 215-924-2426로 연락하라(한국에서도 난민들을 지원하는 단체들이 있다. 함께 관련 단체들을 찾아 보라).

언론 지원

크리스천들은 엄연한 필요를 공론화하고 적절한 행동을 촉구할 수 있다. 언론 보도, 슬라이드쇼, 영화 같은 미디어를 활용하고 강연과 집회를 열 수도 있다. 이런 일들과 관련해 도움을 받으려면 Skilton House(215-942-2426)에 연락하라. 뉴욕항 자유의 여신상 받침대에는 엠마 라자러스(Emma Lazarus)의 감동적인 문구가 새겨져 있다.

> "… 그대의 지친, 가난한,
> 자유를 들이마시길 갈망하며 잔뜩 웅크린 이들을 내게 맡기라.
> … 이 깃들일 데 없이 폭풍우에 내동댕이쳐진 이들을 내게 보내라…."

보트 피플을 비롯해 온갖 위험을 무릅썼던 모든 이들이 자유로워지기를 바란다. 그리고 이 말을 들을 수 있으면 좋겠다. 자유의 여신상이 상징하는 안식과 자유를 얻게 되길 바란다. 하지만 그에 비할 수 없을 만큼 뛰어난 더 큰 자유를 얻게 되길 그 무엇보다 간절히 소망한다. 그리스도께서 그분의 백성을 해방하신 그 자유를 맛보길 바란다. 누구나 진리를 알고 진리가 이들을 참으로 자유롭게 하길 바란다. 세상을 구원하신 주님이 부르시는 음성을 듣게 되길 기도한다.

"수고하고 무거운 짐 진 자들아 다 내게로 오라 내가 너희를 쉬게 하리라." 가난하고, 굶주리고, 고난받고, 소외되고, 사랑받지 못하는 보트 피플을 비롯한 허다한 난민들을 초대하는 하나님의 사랑이 넘치는 음성을 듣게 되길 바란다.

> "오호라 너희 모든 목마른 자들아 물로 나아오라
> 돈 없는 자도 오라
> 너희는 와서 사 먹되 돈 없이,
> 값없이 와서 포도주와 젖을 사라"(사 55:1).

3

노인들의
필요 찾기

노인들의 필요

1900년대에는 미국 인구 가운데 65세 이상의 비율이 4퍼센트였던 데 반해, 오늘날은 10퍼센트를 웃돌고 있으며, '베이비 붐' 세대(1945-1962년 출생자)가 노령에 접어드는 30년 뒤에는 20-25퍼센트를 차지하게 될 것이다. 여기에 의학이 발전하면서 평균 수명이 부쩍 길어지고 있다. 따라서 노령 인구는 갈수록 큰 폭으로 늘어날 것이다.

현대사회가 산업화되면서 노인 문제는 갈수록 심각해지고 있다

구시대 문화에서는 농지 소유권이 권력의 주요 원천이었으며 노인들이 토지를 소유하는 경우가 많았다. 아울러 노인들은 농사와 수공 기술에서부터 일상생활 전반에 이르는 광범위한 지식과 전문성을 지닌 정보의 보물창고 대접을 받았다.

　현대 사회는 이런 흐름을 뒤집었다. 땅이 아니라 시장성이 있는 직업 기술이 부의 원천이 되었다. 제대로 훈련받지 못한 노인들은 일자리를 얻지 못한다. '지식 폭발'과 기술 발달로 거의 모든 분야에서 교과서의 유통기한이 5년에 못 미치게 됐다. 노인들은 스스로 쓸모없고 무지하다는 생각에 시달린다. 마지막으로, 산업화는 모바일 사회를 불러왔다. 가까이는 고사하고 같은 주에 사는 자식이나 친척이 몇 안 되거나 전혀 없는 노인들이 부지기수다. 주변 환경이 정신없이 빠르게 변하는 와중에 노인들을 지원하는 시스템은 약해질 수밖에 없다.

미국인들은 대다수 다른 문화권들보다 훨씬 더 늙음을 두려워하는 듯하다

젊음, 새로움, 변화, 인간적이고 성적인 매력을 떠받든다. 청년과 중년층 미국인들은 일반적으로 노인을 그냥 싫어한다. 이런 혐오는 노인들에게만 국한되지 않는다. 젊은 시절에 그런 정서가 몸에 밴 이들은 훗날 자신에게도 같은 느낌을 받을 수 있다.

구체적인 필요와 문제들

신체적인 한계

노화(노쇠가 아니라)는 나이가 들면서 신체 탄력이 사라지는 현상을 가리킨다. 이는 체력과 조정 능력 상실, 대사량 감소, 정신적인 선명성 감퇴, 또는 심장질환이나 고혈압, 당뇨, 관절염 따위의 '만성' 질환으로 이어진다.

따라서, 노인들은 건강 관리에 더 신경을 써야 한다. 도움을 받아서라도 생활 방식의 변화를 받아들여야 한다. 까다롭지만 중요하고 필수적인 변화들이다. 늘 하던 익숙한 활동들을 할 수 없게 될 것이다(대표적인 예로, 적잖은 노인들이 운전을 못 하게 되거나, 해서는 안 된다). 몸을 쓰지 못하게 되는 게 두려운 나머지 숱한 노인들이 심신질환을 앓는다.

경제적 한계

기준을 어떻게 잡느냐에 따라 수치가 달라지기는 하지만, 노령 인구의 20-30퍼센트는 빈곤 수준의 삶을 산다. 흑인 노인의 경우는 형편이 더 나쁘다. 어떤 이들은 혼자 사는 65세 이상 흑인 여성 가운데 90퍼센트가 빈곤층이라고 추산한다. 1980년대에 개인적으로 알고 지내던 어느 나이 많은 흑인 여성은 총 퇴직 연금이 한 달에 40달러에 불과했다.

노인들을 경제적으로 짓누르는 두 가지 주요 영향 인자는 인플레이션과 건강 관리 비용이다. 두 가지 이상의 만성적인 건강 질환을 앓는 노인들에게 의료비는 어마어마한 부담이다. 그런데 그런 지출을 감당하기 위해 노인들에게 더 많은 돈이 필요해질 즈음, 수입이 급감하는 셈이다.

노인들은 소득세, 유언장 작성, 보험, 정부 지원 프로그램 따위의 문제들을 처리하는 과정에서 재정적이고 실무적인 조언이 절실하다. 나이 든 어르신들이 처리하기에는 복잡하고 생소한 문제들이기 때문이다.

사회 변화에 적응

현대 산업사회에서 노인들의 지위나 역할이 뚜렷하지 않다. 특히, 퇴직한 남성들은 쓸모없다는 자괴감과 씨름해야 한다. 오랜 세월에 걸쳐, 장시간 노동하느라 다른 데 관심을 둘 여지가 없었다. 바깥세상에는 거의 눈을 돌리지 않았을 공산이 크다. 주로 육체 노동을 하면서 살아온 이들은 제 몫을 해내고 있다고 느끼게 하는 일들을 더는 감당하지 못할 수도 있다. 차츰 권태감과 우울감이 자리 잡기 시작한다.

은퇴한 노인들은 많은 친구와 친척들이 세상을 떠나는 상실과 맞닥뜨려야 한다. 그 가운데서도 가장 힘든 일은 배우자를 잃는 경험이다. 홀로 남은 여성은 결혼생활 50년 동안 진 적이 없는 책임들을 떠맡아야 한다. 홀로 남은 남성도 마찬가지다. 오랜 세월 동고동락한 친구이자 배우자는 사회적으로 대체 불가한 존재다. 홀로 남은 노인들 가운데 상당수는 외로움과 고립감에 빠져든다.

노령은 자녀들과의 관계를 복잡하게 만든다. 모바일 사회가 되고 대가족이 무너진 탓에 나이 든 이들은 자녀들과 멀리 떨어져 혼자 살기 십상이다. 풍요롭고 안락한 생활을 강조하는 풍조가 깊어지면서 젊은이들 사이에서는 개인적이고 경제적인 희생을 감수하려는 마음가짐이 약해

졌다. 최대한 낮춰 잡아도, 요양원에서 지내는 노인들 가운데 3분의 1은 얼마든지 집에서 지내며 가족의 부양을 받을 수 있는 이들이다. 반면에, 자녀들은 돕고 싶어 하는데 부모들 쪽에서 마다하는 사례도 있다. 독립 생활을 할 능력이 없는데도 혼자 살겠다고 고집하는 것이다. 그런 갈등들이 관계를 긴장시키고 노인들을 더 외톨이로 만든다.

영적인 문제들

죽음에 대한 두려움은 노인들의 사고에 짙은 그림자를 드리운다. 사랑하는 이의 죽음을 보며 느끼는 슬픔은 자신의 마지막을 생각하는 두려움과 뒤섞여 깊은 침체를 부른다. 달마다 친구, 이웃, 친척, 또는 동료의 장례식에 가야 하는 노인들의 심정을 생각해 보라.

이런 정서는 지난날 저지른 실수나 흘려보낸 기회 따위에 대한 죄책감, 또는 후회와 밀접한 관련이 있을 공산이 크며, 결국은 부담으로 작용할 수 있다. 한창 바쁘던 시절에는 그런 감정을 억누를 수 있었지만, 지금은 '항상 따라다니고' 있는 것이다.

주기적으로 마음이 충만해지는 경험을 하지 못하는 이들은 가족에 대한 걱정과 자신의 건강 상태에 대한 염려에 시달린다. 결국은 심신증에 걸리고 만다.

자기 연민과 자기 검열은 노화와 함께 오는 외로움과 무력감에서 비롯된다. 무언가에 정신이 팔린 듯 보이는 노인들 가운데 상당수는 신체적으로 퇴화해서가 아니라 불쾌한 현실에서 벗어나려는 방어기제로 청력, 가까운 과거와 심지어 현재에 대한 기억을 잃어버렸는지도 모른다.

노인들의 필요를 채우는 노력

신체적인 필요 지원

신체적인 적응을 돕는 데 꼭 필요한 지원을 제공하라. 청구된 의료비를 정산하는 데 재정적인 도움을 주라. 이런 조처만으로도 불안이 한결 줄어들 것이다. 무료로 기본적인 건강 관리를 받게 주선해 줄 수도 있다. 예를 들어, 간호사로 일하는 교인이 정기적으로 혈압을 측정해 주는 식이다.

체력의 한계를 고려해서, 취미 삼을 만한 일을 가르치거나 라이프 스타일에 잘 어울리는 야외 활동을 제시하는 새로운 프로그램을 제공하라.

노인들이 집에서 살 수 있도록 섬김 자원을 공급하라. 예를 들어, 차를 몰 수 없는 어르신들을 위해 교통편을 제공하라. 자질구레한 집안일이 어려운 이들에게는 정원 가꾸기나 주택 수리 같은 일들을 도와주라.

신체적인 한계를 고려해 어르신들을 위한 전용 좌석과 주차 공간을 마련하고 바깥출입이 어려운 이들을 위해서 집에서 성찬에 참여하게 하고, 설교 영상을 시청하게 돕고, 교회 도서관에 큰 글자로 인쇄된 도서들을 비치하는 등의 조처를 취하라.

경제적 필요 지원

노인들에게 보조금을 지급하라. 이때, 자존감을 해치지 않게 조심하라. 창의적인 방법을 동원해 '어떻게든 살림을 꾸리며 살아가도록' 도우라.

교회에서 정기적으로 따뜻한 밥 한 끼를 대접하라. 교회 식구들이 어르신들을 집으로 초대해 식사를 대접하라. 교회의 재무 전문가들이 재정 상담을 해 주라. 교회가 소유하고 운영하는 공동주택을 낮은 가격에 공급하라.

사회적 필요 지원

교인 가정들이 '할아버지 할머니 입양' 프로그램에 참여하게 하고, 교회 안에 친교 모임을 만들며, '방문 센터'를 제공하고, 청소년부터 어른들에 이르기까지 여러 교인들이 정기적으로 심방하며, 틈틈이 전화하게 하는 따위의 노력으로 어르신들이 외로움을 이겨 내게 도우라.

　　퇴직한 노인들이 일손을 완전히 놓지 않고 새로운 일을 하도록 도우라. 성경은 "은퇴할 때까지만 일주일에 엿새 동안 일하라"고 가르치지 않는다. 노인들에게 시간제 일거리를 갖거나 자원봉사 활동에 참여할 기회를 주어야 한다.

　　교회 행정과 예배에 노인들의 목소리를 반영해 소외감을 최대한 줄이도록 노력하라. 행정 당국과의 관계나 예산 책정처럼 노인들이 관심을 둘 만한 이슈들을 다루는 세미나를 열라. 노인들이 서글프고 복잡한 생각을 이겨 낼 수 있도록 상담의 기회를 주라.

영적 필요 지원

결국, 노인들이 가진 문제는 모두 영적인 이슈들이다. 인간은 나이 들 수밖에 없지만 한계와 슬픔의 한가운데 머무는 그때도 한결같이 지켜 주시겠다고 약속하시는(사 46:4) 하나님의 권능을 붙잡지 않는 한, 해결되지 않는다.

　　주의할 점이 있다. 다음은 온갖 필요를 가진 어르신들을 돌볼 때 적용할 수 있는 섬김의 성경적인 틀과 방법들이다. 처음 나오는 '불안' 항목만 꽉 찬 내용이라고 보면 된다. 나머지 요소들의 경우, 필요를 채우고자 하는 자비 사역자는 제목 아래 자신만의 방법과 신념을 적어야 한다.

불안

염려의 실체를 파악하라. 염려는 과도한 관심을 가리키는데, 두 갈래 움직임으로 처리할 필요가 있다. 첫째는 계획과 작업이다. 할 일이 너무 많아서 걱정거리로 다가오는 경우가 잦다(마 6:34). 기도와 감사다. 제 힘으로는 무엇 하나 어찌해 볼 수 없는 일을 두고 씨름하는 이들이 많다. 그렇다면 걱정은 하나님의 뜻에 순종하는 마음이 부족하다는 뜻이다(빌 4:6).

계획을 세우라. 계획과 작업이 부족해 생긴 문제라면, 자리를 잡고 앉아서 어떻게 해결할지 전략을 세우라. 시간표를 짜라. 그런 다음에는, 행동에 나설 시간이 될 때까지 그 생각을 접어 두라.

주로 하나님에 대한 신뢰가 부족해서 생기는 문제라면 그분의 지혜와 권능을 욕보이고 있음을 고백하라. 어떤 문제로 고민하는지 간략하게 아뢰고 장차 주님이 행하실 일에 앞당겨 감사하라. 그리고 다음 작업과 일로 넘어가라. 분주하게 지내라.

살펴볼 성경 본문들은 잠언 12장 25절, 14장 30절, 17장 22절, 28장 1절, 마태복음 6장 24-34절, 누가복음 8장 14절, 10장 38-42절, 야고보서 4장 13절, 베드로전서 5장 6-7절이다

슬픔

혼란 초기 단계를 잘 지나도록 도우라. 충격에 빠져 있는 동안 그저 곁에 있으면서 귀 기울여 이야기를 들어주기만 해도 된다. 오랜 기간에 걸쳐 심신을 추스르도록 도우라. 데살로니가전서 4장 13절에 따르면, 슬픔은 정당한 감정이지만, 그리스도의 소망에 초점을 맞추지 않으면 죄스러운 절망에 흐를 수 있다.

살펴볼 성경 본문들은 시편 23, 42편, 31편 9절, 77장, 잠언 14장 13절, 15장 13절, 16장 1, 3절, 17장 22절, 요한복음 11장, 고린도후서 1, 4장, 빌립보서 4장 13절이다.

외로움

외로운 감정을 부끄럽게 여길 필요는 없다. 아담은 죄를 짓지 않은 상태일 때도 외로움을 느꼈다. 창세기 2장 18-25절을 보라.

그러므로 오래 사귄 친구들이 숱하게 떠났더라도 새로운 이들을 사귀어야 한다. 어떻게 친구를 만나고 관계를 맺게 되는지 기억하라. 귀 기울여 들으라. 따뜻하게 대하라. 열린 생각과 감정을 가지라. 다른 이들을 초대해 무언가를 함께하며 어울리라. 집착하지 말라.

살펴볼 성경 본문들은 잠언 14장 20절, 19장 4, 6, 7절, 17장 17절, 18장 24절, 27장 10절(성실함), 27장 6절, 29장 5절, 28장 23절(정직함), 27장 9, 17절(충언), 25장 17절, 27장 14절, 25장 20절, 26장 18, 19절(기지)이다.

외톨이로 만드는 다른 문제들을 깨끗이 정리하라. 죄책감, 다른 이에 대해, 또는 하나님을 향해 품은 쓰라린 감정들, 자기 연민 따위는 모두 외로움이 깊어지게 만드는 요인들이다.

관련된 성경 말씀은 로마서 8장 28절, 5장 3-5절, 히브리서 12장 1-15절, 야고보서 1장 1-2절, 잠언 12장 18절, 16장 18절, 28절, 17장 9절, 13-14절, 18-20절,시편 51편, 마태복음 5장 21-22절이다.

하나님과 더 끈끈하게 교제하라. 관련된 성경 말씀은 요한복음 14장 23절, 15장 14-15절이다.

주일예배에 참석하는 데 그치지 말라. 강의나 모임 활동에 적극적으로 참여하라(히 10:24-25).

죄책감

화살을 밖으로 돌리지 말고 하나님께 솔직하게 죄를 고백하라. 먼저, 죄의 위험성을 생각해 보라. 얼마나 심각한 문제를 안겨 줬고 앞으로도 그럴 수 있을지 헤아려 보라. 다음으로는 죄와 악한 행위에 대해 생각해 보라.

- 얼마나 하나님의 은혜를 짓밟는 짓인가?(시 51)
- 해를 끼친 이에게 가서 죄를 고백하라(마 5:21-22).
- 달라지겠다는 계획을 세워서 같은 죄를 다시 짓지 않도록 하라(눅 3:10-14).
- 죄를 해결할 길을 마련해 주신 하나님께 감사하라. 예수 그리스도를 통해 이미 용서받았으므로 이제 자책을 멈추라(요일 1:8-10, 2:1).

자기 연민

그럴 만한 자격이 있어서 무얼 받아 누리는 이는 아무도 없다는 사실을 잊지 말라. 우리는 그럴 만한 자격이 없다. 갖고 있는 모든 게 선물이다(고전 4:7).

언제라도 사라질 수 있는 보화보다 더 값진 영원한 보물들을 곰곰이 헤아려 보라. 구원(히 10:22, 35-36, 요일 3:18-22), 천국 (시편 16, 계 21, 벧전 1), 하나님의 임재와 인도, 사랑과 보살핌(마 5:5-6, 6:24-34, 빌 4:6-12, 요 15:12-17).

시편 73편을 보라. 시편 기자는 자기 연민을 어떻게 처리하고 있는가? 빌립보서 3장 7-11절과 4장 10-13절을 묵상하라. 바울은 어떻게 늘 만족하며 살 수 있었는가?

자기 연민과 전반적인 우울감을 고치는 가장 중요한 치료제는 다른 누군가를 섬기고 돕는 일이다(사 58:10).

죽음에 대한 두려움

크리스천이라면 영원한 생명에 관한 약속의 말씀을 함께 나누라. 빌립보서 1장 19-26절, 고린도후서 4장 16절부터 5장 9절까지, 요한복음 14장, 로마서 8장 18-39절, 고린도전서 15장 54-58절 같은 말씀들과 하나님 나라를 묵상하도록 권면하라.

크리스천이 아니라면 복음을 전하라. 존 밀러가 쓴 *Witnessing to the Dying*(죽음을 목격함)을 읽어 보길 바란다.

크리스천이지만 죄책감 탓에 구원받았다는 확신이 부족한 이들도 있다. 시편 51편, 요한1서 1장 8-10절과 2장 1절을 묵상하면서 죄의식을 털어버리게 이끌라.

어려움을 겪으면서 전반적으로 낙담한 상태라면, Part 4:6(240쪽)을 처음부터 끝까지 잘 읽어 보라.

═══════ 함께 나눌 질문들 ═══════

1. 주변에 알고 지내는 어르신들을 생각해 보라. 신체적, 경제적, 사회적, 영적으로 어떤 필요를 가지고 있는가?

2. 교회는 어떤 사역으로 도움이 필요한 어르신들의 필요들을 채워 줄 수 있는가?

실천해 보기

1. 견실한 노인 프로그램을 운용하고 있는 교회의 목회자나 담당자에게 부탁해서 상세한 설명을 듣고 이점을 알아보라.

2. 교회에 출석하는 여러 노인들을 만나 이야기를 들어보라. 빠트리지 말아야 할 몇 가지 질문들이 있다. 어르신들이 마주하는 가장 심각한 문제는 무엇인가? 지금, 교회는 어떤 방식으로 어르신들을 섬기고 있는가? 어떤 점이 부족하다고 생각하는가? 어떻게 하면 교회가 어르신들을 더 잘 섬길 수 있을지 제안해 줄 만한 일이 있는가?

4

노인 돌봄

사역

노인 돌봄 사역의 방법들

노인 사역을 위한 다양한 방법을 제안한다. 노인들은 도움을 받는 역할만 하는 것이 아니라, 그들을 통해 우리도 도움을 얻을 수 있다. 교회가 어떤 다리 역할을 해야 할지 살펴볼 것이다.

노인들을 도울 다양한 방법들

따뜻한 점심을 준비하고 섬기라.

교회에서 음식을 만들어 급식하거나 집으로 배달한다.

친절한 손님이 되어 찾아가라.

훈련된 자원봉사자들이 정기적으로 집이나 요양원으로 어르신들을 찾아가 만난다. 노인들에게 필요한 사회적, 정서적, 영적 지원과 보살핌을 제공하는 데 목적이 있다. 사회복지사를 통해 지역의 외로운 노인들을 소개받을 수도 있다. 노인들이 거주하는 주택단지나 관련 기관 책임자에게 연락하라. 많은 이름과 연락처를 얻을 수 있을 것이다.

'친절한 손님 프로그램'에 따르는(또는 비롯된) 결실이 다른 섬김 사역으로 이어질 수 있음을 염두에 두라. 다음에 다루는 사역들 가운데 몇몇도 여기에 해당한다.

가사도우미 프로그램도 필요하다.

프로그램에 지원한 자원봉사자는 매주 일정한 시간을 내서 신체활동에 제약이 있는 노인들의 살림을 살펴 주어야 한다. 몸을 제대로 쓰지 못하는 어르신들에게 전문 간호 서비스를 제공한다는 뜻은 아니다.

이동 지원 사역을 고민하라.

위에서 다룬 '궁핍한 이들을 위한 프로그램'의 내용을 살펴보라. 일주일에 한 번, 어르신들이 시장과 은행 일을 보거나 그 밖에 중요한 약속과 일정(병원을 가는 따위의)을 처리할 수 있도록 교통편을 무상으로 제공한다.

전화 안부 프로그램도 좋다.

날마다, 또는 주기적으로 홀로 지내는 노인들에게 전화한다.

은퇴한 어르신 일자리 등록을 도우라.

노인들을 돕겠다고 나서는 자원자들을 통해 지역 사회 봉사활동을 펼치는 국가기관들이 있다. 조부모 위탁 프로그램, 퇴직 임원 봉사단, 퇴직 노인 봉사 프로그램 같은 단체들은 어르신들을 위해 다양한 서비스 기회를 제공하고 있다. 교회도 그런 프로그램들을 운영할 수 있다. 은퇴한 어른들이 일자리를 얻도록 도울 수 있다. 퇴직자들이 가진 기술을 교회의 필요와 연결할 수도 있다.

건강 관리 서비스를 제공하라.

노인들의 건강 문제에 집중하는 무상 진료소를 마련하라. 의료 전문가들로 자원 봉사팀을 꾸려서 가정 의료 서비스를 제공하라.

주거 지원이 필요하다.

집을 수리하고 관리할 줄 아는 자원봉사자들을 노인 가정에 파견하라. 주택을 매입해서 저렴한 가격으로 노인들에게 임대하라.

교육 봉사를 하라.

노인들은 은퇴 계획, 부동산 계획, 법률 서비스, 의료보험 관련 서류 작성, 건강검진, 체력, 새로운 취미와 소일거리 배우기, 슬픔을 처리하는 법, 안전 따위를 포함한 다양한 분야에서 안내가 필요하다.

노인들을 위한 주간보호센터를 운영하라.

어르신들은 하루에 8시간만 주간보호센터에서 시간을 보내면 요양원에 들어가지 않고 가족들과 함께 지낼 수 있는 이들이 많다. 직원들은 어르신들이 발달 기술을 학습하게 돕고 신체적, 정서적으로 필요한 부분이 생길 때마다 주의를 기울인다. 나이 든 부모를 보살피는 가족들에게는 이 섬김이야말로 대단히 특별한 사역일 수밖에 없다.

레크리에이션과 드롭인센터

레크리에이션과 드롭인센터(Drop In Center, 레크리에이션과 교육, 카운슬링을 제공하는 복합 시설: 역주)가 도움이 된다. 노인들은 바둑이나 장기를 두고 신문과 정기 간행물들을 읽고, 갖가지 공예와 기술을 배우며, 가까운 나들이와 장거리 버스 관광 프로그램을 선택해 등록하고, 상담가와 이런저런 문제를 상의한다.

어르신들이 교회에서 맡을 수 있는 다양한 일

전화 사역을 할 수 있다.

환자들을 전화로 심방하거나 교회 직원들의 행정 업무를 돕게 하라.

아이 돌봄 사역에 참여할 수 있다.

노인들은 자녀들을 키우면서 몸에 익힌 양육 기술들을 활용해 사역할 수 있다. 교회에서 진행하는 다른 돌봄 사역과 더불어 어린이집 일을 돕거나, 한부모 가정의 어린이들을 비롯해 원하는 아이들에게 할아버지, 할머니 노릇을 해 줄 수 있다.

기도 사역에 참여하게 하라.

노인들에게 진지하고 힘 있게 기도하도록 도전하라. 릴레이 기도를 조직하라. 특별한 제목을 위해 언제 얼마나 기도할지 작정하게 하라. 기도해서 응답받은 간증을 교인들과 나누게 해서 퇴직한 어르신들이 적극적으로 기도에 참여하게 이끌라. 정기적인 기도 모임을 기획하라.

그 밖에 다른 사역들로 기록 사역, 관리 사역, 교육 사역이 있다.

실천해 보기

1. 지역 사회의 필요와 교회가 보유한 자원에 관해 알고 있는 사실들을 바탕으로 어떤 프로그램을 시작하고 싶은지 마음을 정하라.

2. 노인 사역 전담팀을 지명하여 어르신들의 필요를 살피고 노인들의 건의를 받으라.

5

요양원
사역

지역의 요양원 사역

교회가 요양원에서 생활하는 노인들의 삶에 지속적인 영향을 미치기 위해서는 주도면밀하게 설계한 포괄적인 프로그램이 필요하다. 소수의 인원이 투입되는 산발적인 노력으로는 풍성한 결실을 거두기 어렵다.

초청

지역의 요양원들을 빼놓지 말고 찾아보라. 하나같이 '요양원'이라고 부르는 게 아니라 '회복센터'와 같은 이름으로 불린다는 점을 잊지 말라.

어떤 기관과 접촉하든 노인 사역에 관한 자료들을 모두 읽고 연구하라. 교회가 가진 은사와 자원을 평가하라. 감당할 수 있을 만한 프로그램의 목록을 작성하라.

총괄 책임자나 활동 담당자 같은 직원과 연락하고 직접 만나라. 목표를 설명하라. 할 수 있는 일들을 제시하라. 기관에 구체적으로 어떤 요구들이 있는지 묻고 그 필요와 교회가 가진 자원을 서로 맞춰 가는 쪽으로 합의를 끌어내라.

활동을 시작해도 좋다는 허락이 떨어지면, 기관 운영에 관련된 직원들을 빼놓지 말고 다 만나라.

방문

다양한 종류의 활동이 가능하겠지만, 어쨌든 요양원 사역의 핵심은 '방문'이다. 자원봉사자는 시설 거주자들과 개인적이고 인격적인 관례를 맺을 수 있어야 한다.

방문 봉사자는 다음과 같은 분야에 훈련되어 있어야 한다.

- 노화 과정(아마, 요양원 직원에게 배울 수 있을 것이다)

- 장애가 있거나 만성질환을 앓고 있는 노인 문제를 이해하라. 듣고 보는 기능이 망가지고 전반적으로 노쇠해진 이들을 어떻게 대할 것인가?(아마도 간호사에게 배울 수 있을 것이다)
- 노인들을 위한 지역 사회의 자원에 대해 배우라(아마, 사회복지사나 관련 협의체에서 일하다 퇴직한 관계자에게 배울 수 있을 것이다).
- 성경 말씀과 기도로 영적인 필요를 채우는 방법을 배우라.
- 귀 기울여 듣고 대화하는 기술을 배워야 한다. 첫 심방과 이어지는 방문들에서 무엇을 할지에 관한 시시콜콜한 내용(경험 많고 노련한 평신도에게 배울 수 있을 것이다).

방문 봉사자는 일주일 단위로 정한 오전, 오후, 또는 저녁 시간을 기꺼이 드리기로 작정한 사람이어야 한다.

예배

정기 예배를 열고 뒷받침하는 일이야말로 교회가 할 수 있는 가장 중요한 노력 가운데 하나다. 기존에 지방회나 교회에서 주관하는 예배가 있다면, 요양원의 허락을 받고 일주일에 한 번, 다른 요일에 예배를 드릴 수 있을 것이다.

교회의 관심 그룹(집사위원회, 여전도회 등)에 이 임무를 맡기라. 4명으로 구성된 위원회가 코디네이터 역할을 맡아 한 달에 한 차례씩 예배를 준비하면 된다. 코디네이터가 하는 일을 다음과 같다.

- 예배 공간 정리
- 다른 교회 교인들과 더불어 예배할 교인들 모집
- 다른 봉사자들과 함께 나가서 예배에 참석하도록 초청하기
- 찬양과 음향을 맡아줄 자원자와 예배 인도자 섭외

설교자는 예배 계획을 세우고 청중의 눈높이에 맞춰야 한다. 설교는 10분 정도의 길이가 적당하고, 예화가 많이 들어가야 하며, 목소리 톤을 다양하게 변주하여 생동감 있게 전달해야 한다. 큰 소리로, 천천히, 또렷하게 말해야 한다. 여력이 있으면, 성도들이 예화를 연기로 보여 주라. 찬송은 대부분의 사람들이 알고 있고 즐겨 부르는 곡들이어야 한다. 설교 주제는 감사, 찬양, 소망, 그리고 하나님의 뜻에 순종하는 마음가짐 등이 좋다. 노인들은 마음을 굳세게 먹고 자기 연민과 자기중심적인 성향에 맞설 필요가 있다.

활동

요양원 활동 담당자에게 연락해서 꼭 필요한 활동 가운데 교회가 도울 만한 일이 없는지 물어보는 데서 시작하는 게 실용적이다. 사회, 문화, 교육, 레크리에이션 등 제공할 수 있는 프로그램은 무한정 다양하다.

교회의 프로그램 코디네이터는 연간 계획을 세우고 다양한 모임과 학급을 모집해서 저마다 한 해에 1-2개의 프로그램을 책임지게 할 수 있다.

6

어린이
사역

소외된 어린이들을 위한 사역

어린이들을 대상으로 하는 교회 사역은 보통 가정을 통해 이뤄진다. 부모는 주님 안에서 자녀를 사랑하고, 가르치고, 양육할 준비가 제대로 되어 있어야 마땅하다. 하지만 부모가 없거나, 어느 한쪽만 있거나, 역할을 다하지 못하는 부모 밑에서 자라는 아이들이 얼마나 많은가! 이런 어린이들이야말로 교회가 지켜 주어야 할 '고난을 겪는 고아'들이다(약 1:27, 시 68:5, 딤전 5:4).

필요

아동 학대 및 방치

지나치게 혹독한 체벌, 적절한 음식과 잠자리와 보살핌을 제공하지 않거나, 치료를 거부하거나, 과도한 노동을 강요하는 행위는 모두 학대나 방치로 볼 수 있다. 아이들을 지속적인 범죄와 마약, 성매매에 노출시키는 부모 역시 학대, 또는 방치 혐의를 벗어날 수 없다.

비행

비행 청소년이란 습관적으로 학교에 무단결석하거나, 법률이나 규정을 어기거나, 범죄자들과 어울리거나, 부모나 보호자의 통제를 벗어났다고 판단되는 어린아이와 십대 아이들을 가리킨다.

문화적 박탈

말하고 읽는 기술을 제대로 배우기 어려운 환경에서 자라는 어린이들이 적지 않다. 학교 성적이 좋을 리 없다. 부모 가운데 어느 한쪽이 없다든지 아빠 엄마에게 의지나 능력이 없는 탓에 제대로 된 양육을 받지 못한 까닭에 빚어지는 현상이다.

프로그램과 사역들

가정 위탁 제도

부모가 자녀의 필요를 채워 줄 뜻이 없거나 능력이 없을 때, 지방 정부는 아이를 위탁 가정에 맡기는 결정을 내린다. 교회는 여러 교인의 가정을 움직여서 위탁 양육에 헌신하게 이끌 힘이 있다. 참여한 부부들은 준비 과정에서 함께 만나서 책, 영상, 강의 등 다양한 자원을 활용해 학습하고 훈련할 수 있다. 아이들과 청소년들을 집에 받아들인 뒤에도 꾸준히 만나서 문제를 해결하고 서로 격려하며 함께 어울리는 활동을 계획하는 것이 좋다.

형태는 다소 다르지만 같은 취지에서 출발한 사역으로 FLOC(For the Love of Children)가 있다. 이들은 워싱턴 D.C. 세이비어교회의 선교 그룹으로, 위탁 아동들을 알맞은 가정에 보내 주는 주선 활동을 벌인다. 원가족이 아이들과 재결합할 수 있도록 집을 구매하고 임대하는 작업도 병행해 왔다. 어떤 경우든, 교회가 정부 당국과 긴밀하게 협력해야 한다는 점만은 분명하다.

학교와 주간 보호 센터

자비 사역을 요청하는 소리에 민감한 교회라면 양육 기술이 부족한 저소득층 부모들 가운데 상당수가 일을 나가야 하지만 퇴근할 때까지 아이 맡길 데가 없다는 사실을 금방 알아채는 법이다. 이처럼 형편이 어려운 가정에 특별 보조금을 지급하고 수준 높은 주간 보호 프로그램을 제공하는 조처는 부모와 아이 모두에게 귀중한 사역이 될 것이다.

입양

이 사역에서는 훈련된 교회 성도들이 어려움을 겪고 있는 가정들과 함께 움직인다. 교회에 소속된 가정도 있고, 사회 복지 관련 부서나 아동 복지기관, 또는 다른 정부 기관에서 소개한 가정일 수도 있다. 다음과 같은 방식으로 변형도 가능하다.

첫째, 부모 도우미(aides) 방식이 있다. 자원봉사자는 부모가 문제와 해법을 분별하고 목표를 설정해 개선해 나가도록 돕는다. 둘째, 빅브라더와 빅시스터(Big brother/sister) 방식이 있다. 교회는 프로그램 속에 들어가 일할 수도 있고 새로 자체 프로그램을 짤 수도 있다. 봉사자들은 시간을 들여서 어려운 형편에 처한 어린 친구들과 관계를 만들어 간다.

개인 교습

개인 교사는 어린이와 청소년들의 학교 학습 능력이 향상될 수 있도록 힘을 보태 준다. 교회의 자원에 따라 개인 교습 프로그램은 규모가 커질 수도 있고 작아질 수도 있다. 대학생들이 참여해서 대입 검정고시에 합격하도록 도울 수 있다. 청소년과 은퇴 노인들은 학습 능력이 떨어지는 초등학생들을 돌봐 줄 수 있다. 무슨 일을 하든, 학교 당국과 협력해야 한다.

가족 교육

부모는 수업을 들으면서 훈육, 영양, 레크리에이션 계획 따위에 도움을 받을 수 있다. 집사들은 지역 아동 복지 단체에서 명단을 받아 수업을 들으면 더 나아지거나 도움이 될 부모들을 찾아낸다.

청소년 범죄인 후원

교회의 자원봉사자들은 청소년법원 체계의 다양한 단계에서 미성년 범죄인들을 보살필 수 있다. 지역마다 시스템은 조금씩 다를지 모르지만, 청소년법원은 범죄인에게 주로 세 가지 처분을 내린다. 무조건 석방, 전문 사회 단체가 주관하는 전환 프로그램에 인도, 심리를 기다리는 동안 단기 구치시설 수용이다. 심리 결과는 보통 다음 네 가지로 나뉜다. 첫째, 보호 관찰관의 통제를 받는 보호 관찰, 둘째, 청소년 교정기관에 입소, 셋째, 사회복지기관 또는 통상적으로 위탁 가정에 위임, 넷째, 비행 청소년을 보호 감독하는 다른 가정이나 기관에 위임하는 것이다.

교회가 개입할 여지가 너무 많다는 사실만큼은 분명하다. 훈련된 자원봉사자를 개인이나 가족 단위로 연결해서 보호 관찰 기간이나 석방된 이후에 범죄인의 사회 적응을 돕고 지원할 수 있다. 교회가 나서서 청소년 범죄자들을 위한 전환 프로그램을 마련하거나 임시 쉼터를 세우는 방법도 있다.

▌실천해 보기

1. 아동 복지를 전문적으로 다루는 사회복지사, 학생 지도를 담당하는 상담사, 소년 보호 관찰관들을 면담하라. 지역 아동과 청소년이 가진 가장 큰 문제점들이 무엇인지 물으라. 지금 어떤 도움을 주고 있으며 교회는 어떤 일들을 할 수 있는지 알아보라.

2. 여기 소개한 프로그램 가운데 하나를 선택하라. 전담팀을 구성해서 상황을 조사하고 타당성 보고서를 작성해 즉시 집사들에게 보내라.

7

자녀 양육
지원 사역

부모의 자녀 양육을 돕는 사역

어려움을 겪는 가정을 보살피는 이들의 주요한 임무 가운데 하나는 자녀 양육 방법을 알려 주는 사역이다. 정리해 보자면 다음과 같다.

이론적인 틀

자녀를 양육하는 데는 세 가지 주요한 요소가 있다. 에베소서 6장 4절은 "너희 자녀를 … 오직 주의 교훈과 훈계로 양육하라"고 가르친다.

관계('교훈')

이것이 기본이다. 무엇보다, 부모는 자녀들과 소통하고 서로 사랑하는 탄탄한 관계를 키워 가야 한다. 관계가 제대로 세워지지 않으면, 훈육하거나 가치관을 가르칠 수 없다. 다음 세 가지는 좋은 관계를 형성하는 핵심 요소들이다.

1. 긍정(사랑과 애정을 보여 줌)
2. 접근성(함께 시간을 보내고, 가까이 있어 언제든 다가갈 수 있음)
3. 소통

훈육('훈계')

일단 자녀가 사랑을 받고 이해받는다고 느끼는 상태라면, 아이가 슬기로워지도록 아이들을 훈육해야 한다. 잠언은 자기를 다스릴 줄 알고, 제 약점과 한계를 정확히 알며, 장기적인 관점을 바탕으로 결정을 내리고, 다른 이들을 섬길 줄 아는 사람을 지혜롭다고 평가한다. 훈육은 그저 벌을 주는 게 아니라 슬기로워지게 하기 위한 훈련이다. 훈육의 주요 요소는 다음과 같다.

1. 자녀를 정확히 파악하는 지식

2. 아이의 본성과 필요에 맞춘 규칙 마련

3. 보상과 징계를 선택하고 적용

영적인 형성('양육')

자녀 양육의 궁극적인 목표는 단순히 자녀가 '선'을 넘지 않도록 지킨 다든지(훈육) 친구가 되는(관계) 게 아니다. 인격이 성숙하고 '그리스도의 장성한 분량이 충만한 데까지' 이르도록 양육하는 데 있다. 훈육과 사랑이 있어야 훈련이 가능해진다. 부모는 자녀가 하나님의 성품을 드러내는 인격체가 되도록 키워 내는 걸 목표로 삼는다. 다음은 영적인 형성의 주요 요소들이다.

1. 관리(자녀의 경험을 모니터링하고 마음에 담아둠)

2. 모범(본보기를 보임)

3. 교육

교육 아이디어

지금부터 다루는 내용은 정립된 이론이 아니다. 집사가 자녀 양육 문제를 두고 부모들과 이야기를 나누면서 전달해야 할 아주 실용적인 생각들을 묶어 정리했을 따름이다. 우선, 집사는 아빠 엄마와 함께 다음에 제시된 원칙들, 특히 가장 부족해 보이는 원칙들을 하나하나 살펴보는 데서 출발해야 한다. 도움을 주는 두 번째 단계는 실천이 필요한 원칙들을 적용할 구체적인 방법을 찾아내게 만드는 일이다. 여기에서 진전이 없으면 세 번째 단계로, 가족들을 기독교 상담가와 만나게 해야 할 것이다.

자녀를 세심하게 살펴서 '괜찮은' 상태인지 파악하라.

행실이 반듯하다 싶을 때도 방심하지 말라. 나쁜 짓보다는 착한 행동에 더 격하게 반응하라. 최소한 한 시간에 한 번 정도는 그러려고 노력하라.

자녀들에게 규칙적으로 반복되는 일상을 정해 주라.

잠자리에 드는 시간, 낮잠 자는 시간, 밥 먹는 시간을 일정하게 유지하라. 아이들이 직접 일정을 정하지 못하게 하라. 어린이들에게는 구조적인 안정감이 꼭 필요하다.

징계는 시종일관 한결같아야 한다.

같은 잘못에는 늘 같은 벌이 따라야 한다. 사실을 중요한 기준으로 삼아야 한다. 태도는 단호하지만 차갑거나 적대적이어선 안 된다. 따뜻하면서도 엄해지라. 벌은 짧은 시간에 신속하게 끝내라. 의자에 3-4분쯤 가만히 앉아 있게만 해도 충분하다.

부모의 말이 중요하다.

장광설을 늘어놓거나, 잔소리하거나, 겁주지 말라. 한 차례 경고한 뒤에 벌을 주고 일단 징계가 끝났으면 그 일은 다시 거론하지 말라.

자녀에게 집안일을 돕게 하라.

아이들에게 부모와 함께 일할 기회를 주면, 혼자 하기엔 버거운 갖가지 집안일들이 오히려 학습과 관계 형성의 계기가 될 수 있다. 아이들과 함께 쿠키를 만들고 쓰레기통을 비우라. 당연한 얘기지만, 이렇게 하면 부모의 일거리는 훨씬 더 늘어날 것이다.

자녀에게서 벗어나 시간을 보내라.

죄의식이나 집착(어느 한쪽이나 양쪽 모두)이 너무 심해 늘 자녀들 곁을 맴도는 상태가 되지 않도록 조심하라.

세 가지 방식으로 자녀들에게 사랑을 표현하라.

눈 맞춤, 신체적 접촉, 관심 집중이 필요하다. 다른 일에 한눈을 팔면서 자녀와 이야기를 나누는 실수를 저지르지 말라. 날마다 적어도 30분에서 1시간 정도는 다른 일은 다 접어둔 채 아이에게만 집중하라. 자녀마다 일주일에 얼마씩 시간을 할애해서 단둘이 시간을 가지라. 사랑한다고 말하는 데 그치지 말라. 아이들에게 사랑을 보여 주라.

2단계: 원칙의 적용

부모들은 다음의 책들을 참고할 수 있다. 원칙들을 적용하고 양육 기법들을 배울 수 있도록 책에 소개된 활동 가운데 아빠 엄마가 직접 연습해볼 만한 항목 몇 가지를 선택하라.

1. 관계 문제
- Ross Campbell, *How to Really Love Your Child* (Victor)
- H. N. Wright, *Communication: Key to Your Teens* (Harvest)

2. 훈육 문제
- J. Dobson, *Dare to Discipline* (Tyndale)
- J. Dobson, *The Strong-Willed Child* (Tyndale)

3. 교육과 모범

- G. MacDonald, *The Effective Father* (Tyndale)

1. 자녀 양육 문제로 고민하는 부모들의 소그룹을 구성하라. 그들과 함께 자녀 양육의 어려움을 충분히 나누고, '일반적인 교육 원칙'을 적용해 실천해 보라.

2. 교회는 자녀 양육에 도움을 줄 수 있는 다양한 방법(부모 교육 세미나, 전문 강사 초청 등)을 모색하고 실행하라. 이를 위한 준비가 충분히 되어 있는가? 만약, 그렇지 못하다면 그 이유와 해결 방법은 무엇인가?

8

미혼모
사역

미혼모를 위한 사역

경제적인 어려움을 겪는 이들 가운데 한 부류는 미혼부 혹은 미혼모로 어린 여성인 경우도 적지 않다. 그런 사례를 접하게 되면 자비 사역자들은 다음 흐름표에 따라 지원 과정을 진행해야 한다. 정말 아기를 가졌는지 확인하라. '자가 진단키트' 검사 결과에만 의존하지 말라. 반드시 산부인과에 함께 내원하라.

다음 선택지 가운데 하나를 고르게 하라.

임신중절

낙태하지 않도록 설득하라. 실용을 따질 일이 아니라 윤리의 문제라고 조언하라. 하나님은 엄마 배 속의 태아를 인격체로 여기시며(창 26:22, 욥 3:3, 사 44:2, 49:5, 호 12:3, 시 139:13-16), 그 태아는 부르심을 받고 성령으로 충만해질 수 있는 존재임을(렘 1:5, 눅 1:34-45) 알려 주라. 임신부의 부모가 낙태를 종용하고 있다면, 그이들에게 이야기하라. "당신들도 따님을 임신하면서 돈도 많이 들어가고 난처한 일들도 숱하게 생겼지만, 따님을 죽여서 문제를 해결하는 건 생각조차 하지 않으셨죠? 이 아기도 마찬가지입니다. 절대로 죽여서는 안 돼요."

아기를 포기하고 입양시킴

- 결정 조건 : 1) 엄마의 나이와 성숙도(아기를 보살필 능력이 있는가?) 2) 조부모의 마음가짐(딸이 아이를 키우는 걸 돕겠다는 약속을 반드시 받아야 하는가? 그렇게 약속하고 있는가?) 3) 임신부가 아버지로 지목한 남성(본인은 이 사실을 알고 있는가? 친권을 주장할 것인가? 양육비를 감당할 의사가 있는가?)

• 입양 준비 : 1) 출산할 때까지 임신부가 현재의 생활 환경에서 지내게 할 수 있다. 이런 경우, 청소년법원을 통해 아기를 인가받은 입양기관에 보낼 수 있다. 2) 출산 때까지 재정적, 정서적으로 지원해 줄 가정이나 단체에서 지내게 하는 방안도 있다. Children's Home of Florida (201 Osceola Ave. at South Palmetto, Daytona Beach, FL 32014 / 904-255-7407 우리나라의 경우 홀트, 동방, 대한사회복지회 등 혹은 행정복지센터 아동전담팀에 문의하라)는 이처럼 거주 보호를 제공하는 기관의 좋은 본보기다. 또 다른 본보기로는 테네시주 채터누가(Chattanooga)의 Choose Life, Inc.를 꼽을 수 있다. 임산부는 훈련된 크리스천 가정에 배정된다. 지역 교회는 교인 가정들을 훈련해서 이런 사역을 감당할 수 있다.

전국에 사무소를 두고 있는 Bethany Christian Services는 아이들을 크리스천 가정과 연결하는 기독교 입양기관이다. 본부는 901 Eastern Ave., NE, Grand Rapids, MI 49503(610-459-6273)에 있다.

아기 엄마가 직접 양육

입양을 검토할 때와 똑같은 질문을 던지고 그 답에 따라 결정한다. 직접 양육을 선택한다면 다음 네 가지 길을 따를 수 있다.

엄마가 교육 과정을 마치고 일자리를 찾아야 하는 경우, 아기를 임시 위탁 가정에 맡길 수 있다. 엄마와 아기 모두에게 임시 위탁을 제공할 수도 있다(엄마가 18세 이상이면 별도의 법적인 조치가 필요치 않다). 교회가 광범위한 상담과 경제적인 지원, 이웃들과 어울릴 기회를 만들어 주면 엄마 혼자서 아기를 키울 수 있다. 엄마는 자신의 부모와 함께 지내면서 아이를 키울 수 있다.

결혼

임신 전까지 결혼을 진지하게 생각해 보지 않았다면, 좋은 선택이 아니다.

결혼을 고려하고 있다가 임신 사실을 알게 된 경우에도 남녀가 한 가정을 이룰 만큼 인격적으로 충분히 성숙했는지, 재정적으로 적절한 기반을 갖추고 있는지, 양쪽 모두 사랑으로 서로에게 헌신할 마음이 확실한지 따져보아야 한다. 이런 요소들이 결핍되어 있다면 결혼 포기까지는 아니더라도 최소한 연기할 필요가 있다.

미혼부의 권리와 책임은 법원과 입법부가 제정하고 개정한다. 지방자치 단체의 법률을 꼭 확인해 보라.

미혼모를 돕는 다양한 방법들

임신부가 아직 부모에게 알리지 않았다면, 이야기하도록 조언하라.

미성년자라면 반드시 그래야 한다. 법률상 부모로부터 완전히 독립한 상태라 하더라도 그편이 현명하다.

계획을 잘 세워서 출산 전에 충분한 관리를 받을 수 있도록 도우라.

18세 미만의 임신부는 '고위험군'에 해당한다.

학업을 마칠 수 있도록 도우라.

임신한 학생들을 배려한 공립학교 수업이나 특별 개인 교습을 비롯해 지역 사회에서 제공하는 수단을 총동원해서 교육과정을 마치도록 도우라.

임신부를 도와서 앞으로 3-5년 동안 버틸 재정 계획을 세우게 하라.

아빠 엄마가 모든 비용을 부담할 것인가? 아니라면 어떻게 할 것인가? 정부가 산전 관리, 출산, 아동 지원에 쓰도록 책정해 놓은 복지 기금이 있는지, 어떤 기금인지 알아 보라. 시급한 경제적인 필요는 교회를 통해 채우라. 아기 엄마가 직장에서 일하거나 학업을 이어가는 동안, 교인들은 자금을 제공하고 따뜻하게 챙겨 주고 산모와 아기의 옷가지를 가져다 주고, 값없이 주간 보호를 제공하는 따위의 도움을 줄 수 있다.

아기 엄마를 대신해 직업 상담을 받으라.

자녀 양육, 여성 혼자 이끌어 가는 삶, 감정을 다스리는 법, 선교(필요한 경우)에 관해 상담하거나 상담을 주선하라.

The Elder's Handbook(G. Berghoef and L. DeKoster, Grand Rapids: Christian's Library Press, 1979, chapter 8)와 *Helping Unmarried Mothers* (Rose Bernstein, New York: Association Press, 1971) 같은 책을 읽으라.

 함께 나눌 질문들

1. 사정을 소상히 알고 있는 혼전임신 사례들을 떠올려 보라. 어떻게 마무리되었는가? 적절하게 처리된 부분은 무엇인가? 부적절하게 처리된 부분은 무엇인가?(모임에서 나누는 경우, 절대로 당사자의 이름을 말하지 말라).

9

재소자
사역

재소자를 위한 사역

자비 사역이 필요한 영역과 영적인 필요를 채워야 하는 영역 가운데 어느 한쪽으로만 활동을 제한할 이유가 없다. 하나님이 우리를 찾아오셔서 죄에서 자유함을 주신 것처럼 크리스천도 다양한 영역에서 그 역할을 감당할 필요가 있다.

재소자들의 필요

재소자들을 괴롭히는 문제들은 다음과 같다. 살인과 스스로 목숨을 끊는 사태가 일상화되다시피 한 혼잡하고, 폭력적이며, 외롭고, 비인간적인 교도소 환경에서 재소자들은 다양하고 절박한 필요들에 시달린다.

친구와 나누는 우정이 필요하다.

감옥은 사생활을 소멸시키면서도 동시에 엄청난 외로움을 불러일으킨다. 수감생활을 하다 보면 교도관들과 생존 투쟁을 벌이고 있는 동료 재소자 양쪽에서 가혹한 일을 당하기 일쑤다. 재소자들로서는 이야기를 '들어주고' 좌절감에 귀 기울여 줄 상대가 절실하다.

가족과 이어 주는 끈이 필요하다.

재소자들의 부부관계는 십중팔구 심각하게 뒤틀려 있으며, 보통은 수감과 동시에 깨지고 만다. 재소자들로서는 자신이 감옥에 갇히면서 가족들에게 가해지는 경제적, 정서적 타격이 엄청나다는 사실을 알고는 있지만 달리 대처할 방도가 없다.

존엄성이 보장되어야 한다.

수감생활은 비인간적이다. 재소자들은 개인적인 물품과 옷을 박탈

당한다. 획일화된 환경과 지루한 일상은 무력감에 짓눌려 지내게 만든다. 현실에서 도피할 요량으로 하루에 18-20시간씩 잠을 청하는 재소자들이 수두룩하다. 어떤 이들은 공상 속을 헤매기도 한다. 인간으로서 마땅히 받을 수 있고 또 받아야 할 존엄한 대우를 받지 못하는 탓에, 정신적인 혼란과 불안을 겪는 비율이 상당히 높다.

재사회화(reentry into society) 준비가 필요하다.

교정시설에서 제공하는 교육이나 직업 훈련 외에도 출소 이후에 일자리를 찾고 거처를 마련하는 과정을 도울 지원이 필요하다. 구금시설에서 삶의 주도권을 모두 빼앗긴 채 생활한 터라 사회에 재진입하는 일이 무척 힘들 수밖에 없다.

변호해 줄 도움의 손길이 필요하다.

재소자는 법적인 문제를 도와줄 손길이 필요하다. '변호인'은 가석방위원회, 법원, 또는 직원 채용을 검토하는 고용주에게 긍정적인 이야기를 해 줄 수 있다.

하나님과의 관계 회복이 필요하다.

법률적인 지위가 어떠하든, 근본적으로 모든 인간은 하나님의 심판 아래 있는 존재다.

재소자 사역을 요구하는 성경의 명령

먼저, 재소자들을 찾아가라. 마태복음 25장 36절 뒷부분에서, 예수님은 "내가 옥에 갇혔을 때에 (너희가) 와서 보았느니라"고 말씀하신다. 여기에 사용된 그리스어 단어는 'elthate'로, 중간 부분에 쓰인 'episkepto'와는 전

혀 다른 말이다. 우리말로는 똑같이 '방문하다'에 해당하지만 'episkepto'
는 '지켜보다, 보살피다'를 의미하는 반면, 'elthate'는 그저 '거기 있다'라
는 뜻이다.

크리스천은 재소자들과 함께 있어야 한다. 재소자들과 친구가 되려
는 노력이 대단히 중요하다. 어느 날 찾아와서 함께 예배를 드린 뒤에 간
식을 나눠 주고 돌아가서는 성탄절 무렵에나 다시 나타나는 이른바 '치
고 빠지는' 식의 사역에 재소자들은 코웃음을 친다. 크리스천들은 재소
자들 곁에 오래 있으면서 그들의 이야기를 귀 기울여 듣고 친구가 되어
주어야 한다.

그리고 재소자들을 사랑하라. 히브리서 12장 3절은 "너희도 함께 갇
힌 것같이 갇힌 자를 생각하라"고 가르친다. 수감자들을 더할 바 없이 깊
이 이해하라는 도전의 말씀이다. 재소자들과 한마음이 되어 그들의 희
비가 곧 우리의 기쁨과 아픔이 되게 하라는 뜻이다.

크리스천은 재소자들을 하나님의 형상을 닮은 피조물로서 당연히 누
려야 할 존엄성을 가진 존재로 대해야 한다. 히브리서 본문은 심방이든,
예배든, 모임이든 마지못해 찾아가는 프로그램 그 이상을 말한다.

마지막으로 재소자들을 풀어주라. 누가복음 4장 18절을 보면, 예수
님의 사역은 "포로 된 자에게 자유를" 돌려주는 일까지 아우르고 있음이
분명하다. 무슨 뜻일까? 본문의 의미는 세 가지 차원에서 풀이할 수 있
다. 첫째, 부당하게 구금되거나 억울하게 감옥에 갇힌 이들이 풀려나도
록 노력해야 한다.

둘째, 재소자들이 교정시설로 되돌아갈 일이 전혀 없을 때까지, 사회
적, 정서적, 직업적으로 지원해서 범죄의 순환고리를 끊어내고 빠져나오
게 만든다는 뜻이다.

셋째, 재소자들에게 복음을 전해서 본질적인 죄가 가려지고 의로운
재판장이신 주님과의 관계를 회복한다는 말이다. 재소자들은 하나님 보

시기에 의로워질 때, 비로소 영적인 속박에서 풀려나게 된다(요 8:36).

위의 세 본문은(마 25:36, 히 12:3, 눅 4:18) 크리스천들이 감당해야 할 광범위한 사역의 뼈대를 이룬다. 자비 사역이 필요한 영역과 '영적인 필요'를 채워야 하는 영역 가운데 어느 한쪽으로만 활동을 제한할 이유가 없다. 하나님이 죄에 묶여 사는 우리를 찾아오셔서 해방하신 것처럼, 크리스천들도 재소자들을 찾아가고, 돕고, 사랑하며, 회복시키고, 죄 사함을 받게 해야 한다.

===== 함께 나눌 질문들 =====

1. 지금 출석하는 교회가 재소자 사역을 시작한다면, 어떤 문제를 만날 것이라고 보는가?

2. 현재 우리 교회가 재소자 사역을 하지 못하는 이유에 대해 생각해 보라. 직접적 혹은 간접적으로 재소자 사역을 할 수 있는 방법은 무엇인가?

10

환자 방문
사역

환자 심방을 위한 사역

질병에서 비롯된, 또는 질환이 만들어 내는 영적인 필요를 채워 주는 사역이다. 질병은 죄책감을 일으키기도 하고 죄의식이 질환의 원인이 되기도 한다. 죄 때문에 몸이 아플 수도 있다. 좀 더 자세히 살펴보자.

환자 심방의 목표

질병은 죄의식을 자극하기도 한다. 쓰라린 감정, 지나친 걱정(흔히, '신경과민'이라고 부르는), 과로나 다른 죄스러운 행동들이 모두 몸에 굵직굵직한 문제를 일으킬 수 있다. 반면에, 특정한 죄가 질병의 직접 원인이 아님에도, 환자는 무력감에 몰려 자기 잘못 인식하기도 한다. 두 경우 모두, 질병은 환자가 제 죄를 깨닫는 데 도움이 된다. 이제 변화를 작정하고 하나님과 올바른 관계를 맺는 마음가짐이 필요하다.

다른 한편으로, 죄가 질병의 직접 원인인 경우도 있다. 양심이 몸을 아프게 만드는 셈이다. 양심에 걸리는 요소들을 깨끗이 정리하고 하나님이 주시는 용서 가운데 안식해야 한다.

질병은 불안이나 분노를 일으킬 수 있다.

몸이 아픈 이들은 어떤 상황이 닥치든 하나님의 지혜와 사랑이 넘치는 보살핌을 되새겨야 한다.

질병은 외로움을 불러오곤 한다.

환자는 친구나 사랑하는 이들과 단절되기 쉽다. 그저 다정하게 귀 기울여 주는 이만 있으면 고독감을 이겨 낼 수 있다.

질병은 공허감을 일으킬 수 있다.

질병은 어디서도 의미를 찾지 못하는 공허감의 근원이 되기도 한다.

심각한 질환을 앓게 되면 일을 비롯해 삶의 중요한 목표들이 엉망으로 흐트러질 수 있다. 권태감과 만사 부질없다는 생각이 깊이 파고든다. 환자들에게 질병을 통해 성장할 기회를 얻을 수 있다는 점을 알려 주어야 한다.

환자 방문 사역은 질병이 빚어내는, 그리고 교회가 채울 수 있는 신체적 필요를 찾아내는 사역이다. 병을 앓는 동안 그의 집안일을 처리해 줄 필요가 있다. 의료비 및 부대비용에서 비롯된 재정 문제도 도움이 필요하다. 자녀 양육에 관련된 사항에도 도움이 필요하다. 아픈 이의 곁을 지켜 주는 간병인에게도 도움이 필요하다.

환자의 필요를 채우는 사역

죄

환자가 자신을 부정적으로 이야기하는 상황에서도 상대를 진지하게 대하라. 절대 낮춰 보지 말라. 따뜻하고 공감하는 마음가짐을 가지라. 죄를 죄라고 지적할 때는 더욱 그런 태도가 필요하다. 환자가 크리스천이라는 생각이 들지 않으면, 복음을 전하라. 신체적으로 강렬한 감정을 표현할 수 없거나 감당하기 버거운 약물치료를 받는 상황에서는 복음을 소개하지 말라. 하나님과 관계를 회복하도록 도우라.

- 다른 사람, 또는 다른 무언가를 탓하지 말고 제 행동에 스스로 모든 책임을 지도록 이끌라.
- 하나님께 죄를 고백하라. 죄 때문에 병에 걸린 것은 아니지만 죄를

지어 하나님을 슬프게 한 것을 회개하라.

- 꼭 필요하다면, 지난날 해를 끼쳤던 상대에게 용서를 구할 마음을 먹도록 안내하라.
- 예수 그리스도를 통해 죗값을 완전히 청산해 주신 하나님께 감사 드리게 하라.
- 다시는 같은 죄를 짓지 않도록 필요한 계획을 세우게 하라.

불안과 분노

Part 4:6(240쪽)을 찬찬히 읽어 보라.

외로움

귀 기울여 잘 들어주는 사람이 돼라. 상세한 내용은 아래를 보라.

의미 상실

환자를 어린아이 다루듯 하지 말고, 존중하며 품위 있게 대하라. 실제보다 더 무기력한 존재로 취급하지 않도록 주의하라. 필요한 변화를 유도할 수 있다면 다른 일을 하거나 활동에 참여하는 걸 검토해 보게 하라. 성경을 공부하고 영적으로 성장할 기회를 제시하라(Part 4:6의 '고통을 다스리는 법'을 보라).

환자 심방에 필요한 도구들

성경

- 원칙
- 심방을 마쳐갈 때쯤 성경을 읽으라. 환자의 상황에 맞는 본문을 선

택하라. 심방 전에 미리 읽을 말씀을 골라놓는 게 일반적이지만 언제든 바꿀 수 있도록 준비하라.

- 환자의 감정과 필요를 잘 반영하는 말씀과 그 요구에 답을 주는 본문을 택하라.

- 환자가 몹시 아프거나 피곤한 상태면 말씀만 읽고 마치라. 상황이 괜찮다면, 한두 가지 핵심을 짚어 주라. 예를 들어, 마태복음 6장 25-34절을 읽은 뒤에 말해 주라. "걱정하지 마세요, 이 말씀이 있잖아요. 하나님이 새와 들풀들까지 보살피시는데 환자분은 오죽 잘 살펴주시겠어요?" 상대방이 반응할 수 있도록 잠깐 틈을 주라. 별 반응을 보이지 않으면 "정말 대단하지 않습니까?"라는 식의 말로 여지를 남기라. 말씀에 담긴 의미를 두고 대화를 나눠 보라. 그럴 만한 여유가 없으면, 마무리 기도에 본문을 적용하라.

"주님, 넘치는 사랑으로 보살펴 주시는 걸 생각하면, 몸에 문제가 생겨도 염려할 필요가 없습니다. 환자분이 그 사실을 언제나 기억하게 도와주시고 큰 평안으로 함께해 주세요."

• 실천

a. 병을 앓고 나서 드리는 감사

시편 40편 1-3절, 103편, 92편 1-4절

b. 고난과 하나님의 뜻

⑴ 고통 가운데 있는 이들에게 : 히브리서 4장 14-16절, 12장 1-13절 / 이사야 40장 30-31절, 43장 1-3절 / 로마서 8장 18절 / 고린도후서 1장 3-11절, 4절 / 야고보서 1장 2-4절

⑵ 고난의 유익 : (믿음을 돈독하게 하고 성품을 가다듬음) 신명기 8장 12, 16절 / 히브리서 11장 17절, 12장 1-16절 / 베드로전서 1장 7절 / 요한계시록 2장 20절 (인간의 죄와 무력함을 깨닫게 함) 욥기 36장 8-9,

15절 / 시편 119편 67절 / 누가복음 15장 17-18절 (하나님의 뜻을 이룸) 사도행전 8장 3-4절 / 요한복음 9장 1-3절, 11장 3-4절 / 빌립보서 1장 12절 / 요한복음 13장 7절(길을 잃고 방황할 때 하나님께 돌이키게함) 유다서 4장 3절 / 욥기 34장 31-32절 / 이사야 10장 20절 / 예레미야 31장 18절 / 예레미야애가 2장 14-18절 / 에스겔 14장 10-11절 / 신명기 4장 30-31절(하나님 말씀을 연구할 기회를 줌) 시편 119편 50, 52, 67, 71, 75, 92절

c. 힘과 인내를 북돋움

로마서 8장 22-27절 / 고린도전서 10장 13절 / 빌립보서 2장 3, 4절

d. 장애나 노화가 주는 유익

시편 71편 17-18절, 92편 1-4절, 12-15절 / 디모데후서 4장 7-8절 / 디도서 2장 2-3절

e. 죄, 그리고 질병과의 연관성

시편 38편, 32편 / (쓰라린 감정) 마태복음 5장 23-25절, 18장 21-35절 / 에베소서 4장 32절 (죄에 물든 양심) 요한복음 8장 9절 / 사도행전 23장 1절, 24장 16절 / 베드로전서 3장 16절 (고백과 용서) 시편 51편 / 이사야 1장 18절, 53장 5-6절 / 요한일서 1장 8-10절, 2장 1절

f. 하나님의 빈틈없는 보살핌과 사랑

(외로움) 시편 25편 14-18절, 시편 139편 / 마태복음 28장 20절 / 요한복음 14장 18절, 15장 7절 / 히브리서 13장 5절 / 시편 34편 22절 (하나님의 보살핌) 시편 121편, 139편 / 베드로전서 5장 7절 / 시편 23편, 56편 / 빌립보서 4장 4-7절 / 로마서 8장 25-28, 32, 38-39절 / 마태복음 10장 28-31절 / (불안) 마태복음 6장 25-34절 / 시편 56편 3절 / 여호수아 1장 9절 / 시편 91편 15절, 5편 1-2절 / 빌립보서 4장 6절 / 시편 27편 1절, 시편 55편 22절 / 이사야 40장 31절

g. 수술 전

시편 46편 1절, 91절 / 이사야 30장 15절 / 출애굽기 33장 14절 / 예레미야 32장 27절 / 에스겔 37장 6절 / 마태복음 28장 20절

h. 죽음과 여읨

다니엘 3장 16-18절 / 시편 23편 4절, 31편 5절 / 요한복음 10장 28-29절, 11장 25-26절, 14장 1-7절 / 데살로니가전서 4장 13-16절 / 고린도전서 15장 51-58절 / 히브리서 14-15장

기도

몸이 아픈 이와 더불어 기도할 때, 크리스천은 환자를 하나님과 연결하는 일종의 통로가 된다. 하나님께 더 가까이 나가도록 이끄는 것이다.

다음과 같이 기도하라: 불안과 두려움이 커 보일 때, 두려운 소식이 들리거나 사건이 생겼을 때를 위해 기도하라. 사실상 세상을 떠나기 직전, 기도를 마치고 나면, 환자가 심각한 문제들을 털어놓고 싶어 하는 분위기가 조성될 수도 있다. 그런 시간을 준비하고 여유를 두라.

환자가 감정과 마음자리를 있는 그대로 드러내게 기도하라.

"주님, 이런 소식과 마주하면 금방 두려움에 사로잡힙니다. 생각만 해도 몸이 떨립니다. 하지만 주님은 우리 가운데 계십니다. 지진으로 온 세상이 흔들리고 쪼개져도, 주님이 반석이 되시니 우리는 요동하지 않습니다." 환자가 함께하는 가운데 기도하라. 그럴 힘이 있으면, 환자가 직접 기도하게 하라.

하지만 기도를 이어가면서 환자의 필요를 채우시는 하나님의 속성으로 방향을 돌리라.

죄인들에게 베푸시는 하나님의 용서, 갈피를 잡지 못하는 이들에게 주시는 지혜, 외로운 이들에게 쏟아주시는 사랑, 두려워하는 이들에게 허락하시는 권능을 입으로 고백하라. 환자의 지금 처지에서 출발해 마땅히 있어야 할 자리로 이끌어 가라.

- 단순한 말로 기도하라.
- 기도하기 전에, "기도합시다. 혹시 특별히 부탁하고 싶은 기도 제목이 있습니까?"라고 물으라. 대화의 물꼬를 트는 아주 탁월한 방법이 될 수 있다. 누가 질문하기 전까지는 심각하고 개인적인 이야기를 꺼내지 않는 이들이 종종 있다.
- 의식이 조금 있거나 전혀 없는 환자라면, 큰 소리로, 간결하게, 되풀이해 기도하라. 익숙한 어구들을 사용하라.

관계

따뜻하고, 호기심이 넘치고, 상냥하며, 유쾌하게 다가가라. 하지만 '유쾌한' 흉내만 냈다가는 병원 환경에 따라 '무신경해 보일' 수도 있으므로 조심하라. 말하기보다 들으라. 이야기를 청하고 환자가 가진 필요와 문제에 초점을 맞추라. 상대방이 꺼낸 주제에 관심을 가지고 연관된 질문을 이어가라.

심방 순서와 절차

준비

- 심방 전에 환자의 신체적, 정서적 상태와 관련해 최대한 알아보라.
- 환자의 상태에 대해 알게 된 내용을 토대로 성경 본문을 선택하라. 본문을 바탕으로 어떤 내용을 이야기할지 생각해 보라.
- 심방을 위해 기도하라.

만남

- 면회 시간이면, 곧바로 병실로 들어가라. 문이 닫혔으면 들어가도 괜찮은지 간호사실에 확인하라.
- 환자가 자고 있으면, 간호사에게 깨워도 되는지 물으라. 안 된다고 하면 메모를 남기고 나오라.
- 방안에 사람이 많으면 들어가지 말라.
- 잠깐 만나고 나오는 짧은 심방이라도 반드시 자리를 잡고 앉으라. 하지만 병상에는 될 수 있는 대로 앉지 말라.
- 환자가 집에 있는 상태라면, 가기 전에 먼저 전화하라.
- 환자가 악수를 청할 때까지 기다리라. 상대가 먼저 손을 내밀지 않으면 억지로 악수하려 하지 말라.

대화

- 반가운 말투로, 만나서 얼마나 기쁜지 이야기하라.
- "좀 어떠세요?"보다는 "어떻게 지내세요?"라는 질문으로 시작하

라. "좀 어떠세요?"는 구체적인 통증을 시시콜콜 하소연하는 쪽으로 흘러가기 쉽다.

- 환자가 말하는 데 어려움이 없다면, 주로 그쪽에서 대화를 주도하게 하라. 그리고 귀 기울여 경청하라. 환자가 너무 아프고 피곤하다면, 대화를 이끌어 가는 부담까지 떠안기지 말라. 그런 경우에는 이편에서 대부분의 이야기를 하고 심방도 짧게 끝내야 한다.

- 몸이 아픈 상태에서 영적인 삶을 어떻게 꾸려가고 있는지 파악하라. "수술을 앞두고 계셔서 여러모로 힘드시죠, 그렇지 않은가요?"라고 질문을 던져 보라. 두려움이나 걱정, 분노, 죄책감, 외로움, 의미 상실 따위의 감정에 시달리고 있는지 확인하라.

- 파악해 낸 환자의 필요에 따라 기도와 대화는 여러 방향으로 갈릴 수 있다.

– 환자가 회복 중이라면, 심방은 환자와 더불어 기뻐하면서 하나님께 감사하도록 격려하는 기능을 해야 한다.

– 질병이 심각하거나 진단이 나오지 않는 경우, 심방의 기능은 하나님의 사랑이 넘치는 보살핌과 상황을 움직이는 권능에 초점을 맞추고 주님과 나누는 교제의 필요성을 강조하는 데 있다.

– 몹시 고통스럽거나 장애를 일으키는 질환을 앓고 있다면, 인내와 고난이 주는 유익에 초점을 맞춰야 한다.

죄나 불순종이 병을 불렀거나 더 복잡하게 만들었다면, 따뜻한 위로와 아울러 회개와 변화가 필요하다는 사실을 강조해야 한다.

성경 읽기

환자를 방문할 때 짧은 성경 본문을 함께 읽거나 읽어 주라.

기도

환자를 위해 소리를 내어 기도해 주라.

적당한 읽을거리

질병, 고통, 근심, 훈련을 주제로 다룬 소책자와 팸플릿, 책 따위의 목록을 만들어 두라. 환자가 책을 읽기 어려운 경우가 많은데, 그때는 테이프를 주라. 기도와 성경 공부를 뒷받침하는 방편으로, 경건의 시간 안내서를 늘 준비해서 선물하라. 이런 용도에 썩 잘 맞는 책들이 있다. 필요한 상황에 맞춰, 적절한 부분을 선택해서 사용하라.

- 《영적 침체》(마틴 로이드 존스)
- 《한 걸음 더》(조니 에릭슨 타다)

마무리

병원이라면 10-20분, 집이라면 20-30분을 넘기지 않도록 하라. 상태가 위중할수록 짧게, 더 자주 찾아가라. 환자가 피곤한 기색을 보이는지 주의 깊게 살펴라. 개인적으로 더 잘 아는 사이일수록 환자를 피곤하게 만들지 않고 더 오래 머물 수 있음을 잊지 말라.

심방을 마친 뒤에

- 심방 중에 전한 메시지에, 그리고 환자에게 하나님의 은혜가 함께하길 기도하라.
- 다음 심방 계획을 세우라. 시간을 정하라.
- 심방을 평가하라. 상황을 복기하라. 어떤 점이 달라져야 한다고

생각하는가?

- 미흡하다고 판단되는 부분을 채워 줄 다른 교인들에게 연락하라.

그 밖에 해야 할 일과 하지 말아야 할 일

해야 할 일

- 기도하겠다고 약속하라(그리고 반드시 기도하라!)
- 전염성 질환을 앓고 있는 환자라면, 밀접 접촉을 피하라.
- 수술을 앞둔 환자라면, 하루 전에 찾아가라.
- 느긋하되 단단해지라(초조해하거나 당황스러워하지 말라).
- 상황에 따라 목소리와 몸가짐을 조심하라. 목소리를 높여야 할 때가 있고, 낮춰야 할 때가 있다.
- 물을 마시게 해 주고, 전화를 받아 주고, 메시지를 전해 주고, 환자의 집에서 물건을 가져다주는 따위의 사소한 일들을 도와주라.

하지 말아야 할 일

- 자신이 예전에 앓았던 질환 이야기를 길게 늘어놓지 말라.
- 하나님이 반드시 고쳐 주신다고 장담하지 말라. 그 대신, 하나님이 늘 함께하시며 은혜를 베푸시고 기도에 귀 기울여 주신다고 보장하라.
- 몸이 아플 때는 심방에 나서지 말라.
- 식사 시간에는 찾아가지 말라. 어쩌다 그 시간에 거기 있게 됐다면, 식사하면서 이야기를 나누도록 적극 유도하라.
- 진단 결과를 추측하거나 의료진을 두고 왈가왈부하지 말라.
- 병원을 비판하지 말라.

- 환자 상태를 지나치리만큼 시시콜콜 캐묻지 말라.
- 다른 이들에 관한 온갖 나쁜 소식들을 퍼 나르지 말라.
- 방안에서 누군가와 속닥거리지 말라. 설령, 의식이 없는 게 분명한 환자일지라도 무슨 소리를 하는지 다 듣고 있다고 가정하라.

실천해 보기

1. 병원의 사회복지사나 크리스천 의료인을 만나서 1) 입원 환자들의 사회적 · 정서적 · 영적 필요, 2) 교회가 몸이 아픈 이들을 제대로 돕지 못하고 있는 부분, 3) 교회가 할 수 있는 역할 등에 관해 물어보라.

11

장애인
사역

장애인들을 위한 사역

지체, 또는 정신 장애를 가진 이들을 돕는 사역을 펴기 위해서는 다음과 같은 준비와 노력이 필요하다.

병원, 국가와 지방 자치 단체의 공중보건 부서, 그 밖에 장애인 관련 기관과 시설들을 조사하라.

지역 사회에 교회의 사역으로 혜택을 받을 수 있는 장애인 그룹이 있는지 알아보라. 지적 장애, 청각 장애, 시각 장애, 지체 장애, 전신마비, 뇌성마비, 근이양증에 시달리는 이들을 찾아보라. 이들은 장애인들 가운데 큰 비중을 차지하는 그룹들이다.

장애인들의 필요와 상태를 살피라. 정보는 지역 도서관에서 대부분 얻을 수 있다. 다음 주소로도 연락해서 자료를 얻으라.

U.S. Department of Health and Human Services Bureau of Education for the Handicapped U.S. Office of Education Washington, D.C. 20202

사역 대상으로 삼으려는 장애인 가정을 조사하고 찾아가라. 다음을 바탕으로 해당자들을 수소문하라.

• 여러 연구 조사 결과들

• 다양한 문헌에 수록된 사역의 프로그램 제안들을 살펴보라. 다음 기관 및 단체에는 반드시 연락하라.

- Joni and Friends(Box 3225, Woodland Hills, Calif. 91365 / 영적·정서적 어려움에 직면한 장애인들을 돕기 위해 출범한 복음주의 단체

- National Program for Voluntary Action (Paramount Building, 1735 "I" St. NW,

Washington, D.C. 20006

지체 및 정신 장애를 가진 이들을 돕는 활동과 관련된 정보를 요청하라.

- 교회가 가진 자원들

프로그램 구상에 포함되어 할 사항

- 정기적으로 집으로 찾아가서 상담하고 지지해 주는 등 정신 및 신체 장애인에게 사랑을 보여 주는 법을 잘 아는 훈련된 심방 담당자를 준비하라.
- 장애인이 접근하기에 적절한 용구와 시설을 갖춘 크리스천 교육 및 교제 프로그램을 준비하라.
- 노인과 노인 가족에게 제공되는 서비스 가운데 상당수는 장애인들에게도 적용된다.
  - 이동 및 동반 서비스
  - 가사 지원 서비스
  - 장애인을 위한 직업 교육 서비스
  - 정기적으로 장애인 곁을 지켜서 보호자들에게 숨 돌릴 여유를 주는 서비스
  - 장애인 자녀를 둔 부모나 가족들을 위한 학습, 상담, 지원 그룹

실천해 보기

1. 알고 있는 장애인들을 모두 적어 보라. 장애를 잘 다루고 있는 이들이 있는가? 그렇지 못한 이들은 누구인가? 장애를 잘 다루는 그룹에 속한 이들을 최대한 많이 만나 보라. 깨달은 내용을 정리하라.

2. 이 글 앞부분에서 설명한 조사를 실시하라.

12

구제 사역

재난 구호 사역

이 사역의 필요성은 다음과 같다. 사도행전 11장 27-30절에는 아가보라는 이가 대기근을 예언하는 장면이 나온다. 메시지를 들은 안디옥의 제자들은 예루살렘에 사는 가난한 형제들을 돕기로 했다.

초대교회 크리스천들은 자연재해가 실제로 일어나기 전부터 재난 희생자들을 구호할 준비를 했다. 기근, 홍수, 지진, 태풍, 토네이도 따위가 닥칠 걸 미리 알려 주는 선지자들이 있다면 얼마나 좋을까! 하지만, 언제 어디서 그런 비극이 벌어질지는 알 수 없지만, 반드시 닥친다는 것만큼은 어김없는 사실이다. 그렇다면 초기 크리스천들의 모범을 따라 다가오는 재난에 대비해야 마땅하지 않겠는가!

단계

응급 단계

여기에 해당하는 이재민들은 당장 구조해서 임시 거처로 이주시키고, 음식을 제공하며, 가족 · 친지와 연락하도록 주선하고, 의료 지원을 제공해야 한다.

구호 단계

여기에 속하는 이들에게는 가옥과 재산 피해를 산정하고, 임시로 집을 수리하고, 여러 정부 기관의 원조를 신청하도록 도움을 주어야 한다. 이 단계의 이재민들은 스스로 무슨 자원을 가졌는지 알아야 한다. 일이 늦어지고 행정적인 걸림돌들을 만나면서 격려와 지원이 필요해진다. 자신에게 벌어진 사태를 뒤늦게 '실감'하면서 정서적인 트라우마가 생긴다. "무엇 때문에 이런 일들이 생긴 걸까?", "이제 무슨 낙으로 살지?" 따위의 질문들이 떠오른다.

회복 단계

이 단계의 이재민들은 가옥을 영구적으로 수리하고 재건축해야 한다. 비용 조달을 위해 규모가 큰 대출과 보조금이 필요하다. 슬픔과 분노를 잘 다스리도록 돕는 지원도 계속 이어져야 한다.

사역에 필요한 자원들

장비

- 이동 급식 장비
- 상설 급식 장비
- 통신 장비
- 구조 장비
- 수송 장비
- 수리, 건축, 청소 장비

물품

- 의류
- 침구
- 중고 가구
- 주택 건축 자재
- 식량과 식료품

시설

- 집단 대피 시설
- 이동 주택
- 상설 급식 시설

기술과 서비스

- 보호(상담하고, 문제를 해결하고, 생활을 돕는 한편, 이재민들이 요구하는 부분을 채워 줄 자원과 단체들을 찾아내는 일)
- 집수리 및 재건축 기술
- 의류 분류 및 배급
- 급식
- 재난이 남긴 잔해 정리와 청소
- 재정 지원
- 상담
- 복지 정보 서비스
- 재난에 대응하는 모든 단체와 교회의 노력을 조정하는 서비스

교회가 할 수 있는 일

재난에 대응하는 데 필요한 장비와 물자, 서비스와 시설을 혼자서 모두 제공할 수 있는 교회나 교단은 어디에도 없다. 그러므로 교회는 여러 자원을 모을 수 있는 조직에 참여하는 게 대단히 중요하다.

- 교회의 자원봉사자들을 언제든 소집해서 현장에 투입할 수 있도록 재난 대응 훈련을 시켜 줄 기관을 찾고 연락하라.
- 재난구호활동협의회(National Voluntary Organizations Active in Disaster)에 연락해서 가까운 지역 사무소를 알아보라. NVOAD는

재난에 대응하는 교회들의 활동을 조정하는 역할을 한다. 지역 사무소와 협의에 들어가면 재난이 발생했을 때 교회 건물을 특정한 용도로 사용할 채비를 갖추라든지, 의류나 식품을 비축하라는 따위의 요청을 받을 수도 있다.

- 교단의 북미선교위원회에 연락하라. 머지않아 교단 차원의 연합적인 재난 대응 활동이 조직될 예정이다.

실천해 보기

1. 지금까지 공부한 내용 가운데 가장 중요한 점은 무엇인가? 목록을 작성해 보라.

2. 교회에서 실천해 보고 싶은 일 두세 가지를 골라 적어 보라.

3. 계획을 실행하려면 다음 중 무엇이 있어야 한다고 생각하는가?

   —— 더 많은, 또는 더 나은 정보(프로그램, 교회, 공동체 등)인가? 구체적으로 어떤 정보가 필요한가?

   —— 더 많은, 또는 더 나은 기술(능력, 전문 지식 등)인가? 구체적으로 어떤 기술이 필요한가?

   —— 핵심적인 인사들이 제공하는 더 많은, 또는 더 나은 지원인가? 어떤 인물의 지원이 필요한가?

   —— 더 많은, 또는 더 나은 자원(돈, 시설, 인력 등)인가? 어떤 자원이 필요한가?

4. 부족한 요소들을 확보할 간략한 계획을 세우라. 어떻게 정보를 얻고, 기량을 키우고, 사람들의 지원을 얻고, 재정을 모을 것인가?

Resources for
Deacons

Part 4

손길이 닿는 모든 이에게
복음이 꽃피는 그날까지 섬기다

1

가난의 형태와
근본 원인을 구분하다

가난의 두 가지 형태

교회는 누군가로부터 도움을 요청받았을 때, 그가 두 가지 범주 가운데 하나에 속한다는 사실을 아는 게 중요하다.

갑작스러운 가난

갑자기 형편이 어려워졌을 수 있다. 본인, 가족이 여태 궁핍한 처지에 몰려본 적이 없었지만, 다쳐서 몸을 못 쓰게 된다든지, 자연재해를 당한다든지, 하루아침에 직장을 잃는다든지 해서 경제적으로 벼랑 끝에 몰린 경우다. 예를 들어 보자.

28세, 젊은 나이에 별거에 들어간 여성이 있다. 남편은 양육비를 주지 않고 연락도 끊어 버렸다. 최근에는 수술까지 받았다. 병원비는 집을 팔아서 간신히 치렀지만, 아직도 돈 들어갈 데가 산더미다.

빈곤의 대물림

다른 한편으로, '빈곤의 문화'에서 자랐을 가능성도 있다. 가난은 마음가짐, 또는 생활 방식이 될 수 있다. 어떤 면에서, 가난은 한 세대에서 다음 세대로 전달된다. 예를 들어, 가난한 가정에서는 여러 자녀가 복잡하고 쾌적하지 못한 환경에서 부모의 관심을 제대로 받지 못한 채 성장하기 쉽다. 그런 아이들은 성적이 좋지 않으므로 십중팔구 학교생활에 흥미를 갖지 못한다. 학업을 그만두기도 하고 여러 방법으로 집안에서 탈출하려 한다. 하지만 훈련이 되어 있지 않은 까닭에 낮은 임금을 받는 자리를 벗어나지 못한다. 자기 자녀들을 갖게 되지만 제대로 부양할 힘이 없다. 이런 상황이 꼬리에 꼬리를 물고 계속 돌아간다. 예를 들어 보자.

남편은 37세, 아내는 36세다. 둘은 쥐꼬리만 한 수입으로 여덟 명의 자녀를 키운다(맏이는 19세다). 부부의 학력은 양쪽 모두 초등학교 4학년 중퇴가 전부다. 큰딸이 질병으로 인해 병원에 입원해야 하지만 살림이 넉넉지 않아 제대로 된 치료를 받지 못하고 있다.

각각 15-16세에 결혼한 어린 부부는 비참한 집안에서 하루빨리 벗어나고 싶었다. 결혼 2주년 됐으며 두 자녀가 있다. 재정적으로 너무 쪼들린 나머지 남편이 아내의 성매매를 주선해 그 수입으로 산다. 지금 부부 관계가 심각한 위기를 겪는 중이다.

사람들을 돕고 싶어 하는 목회자와 활동가들은 두 번째 그룹에 속하는 가난한 이들은 '파산해' 궁핍해진 그룹과 달리 대해야 한다는 점을 알아야 한다. 오랫동안 궁핍한 삶에 노출되면 삶을 냉소적으로 보고 권위를 불신하기 쉽다. 중산층이 당연하게 여기는 '저축'이나 '예산' 등의 관념이 전혀 없다. 냉소와 절망은 무절제한 음주, 도박, 마약, 범죄처럼 빈곤으로 이어지는 습관에 쉬 빠져들게 한다.

이런 이들에게는 '치고 빠지는' 식의 구호로는 부족하다. 이들은 고마워하는 기색을 드러내지 않을 수 있다. 빨리 변하지 않을 공산이 크다. 더 큰 인내와 주의를 쏟아야 한다. 이들의 처지에 지속적인 영향을 미치려면 일반적으로 교육, 직업 훈련, 상담 따위가 필요하다.

===== 함께 나눌 질문들 =====

1. 이 두 가지 유형을 구분하지 않는다면, 집사 사역은 어떤 문제들에 부닥치게 된다고 보는가? 더 깊은 정보가 필요하면, *Pastoral Care With the Poor*(C. Kemp, NewYork: Abingdon, 1972)를 보라.

2

필요를 채워 주고
가난의 뿌리를 잘라 내다

자비 사역의 수요 평가

고질적인 재정 문제를 안고 있는 가정들에서 자주 발생하는 세 가지 기본적인 문제 요인들이 있다. 자비 사역자는 즉시 그 문제들을 파악해야 한다.

재정 자립 결핍

뜻

가족이 모자람 없이 필요를 채울 만큼의 수입을 창출하지 못할 때 재정 문제가 발생한다. 최소한 세 그룹이 이 범주에 들어간다.

- 첫 번째, 신체적 · 정신적으로 넉넉한 급여를 받는 일자리를 얻거나 아예 일을 할 수 없는 이들이 있다. 상당수 노인과 장애인들이 여기에 속한다.
- 두 번째, 신체적으로는 얼마든지 일을 할 수 있지만, '정서적으로 의존적인' 경우도 있다. 다시 말해, 도움을 줄 만한 개인이나 단체를 찾아다니는 데 익숙해진 이들이다. 재정적으로 자립하려는 동기 자체가 없다.
- 세 번째, 몸이 건강하고 정서적으로 자립 의지가 강한 그룹이다(따라서 현실이 아주 불편할 수밖에 없다). 일자리에서 쫓겨났거나, 직업 기술이 시장성을 잃었거나, 감당하기 어려운 빚을 지고 있는 경우가 여기에 해당한다.

사역

- 첫 번째 그룹(노동 능력 상실)은 필요를 충분히 채울 만한 영구적인 경제·신체적 지원이 따라야 하며, 자존감을 지켜 주면서 의존적

인 상태를 받아들이게 도와야 한다.

- 두 번째 그룹(신체적인 능력은 있지만 정서적으로 의존적인)은 격려와 직면으로 심리적 의존 성향에 대처하도록 이끌고(너무 어렵거나 쉽지 않으면서 독립성을 길러 주는 과제들은 낙담, 냉소, 나태 따위를 처리하는 데 도움이 된다), 직업 적성과 기술을 파악하게 하고, 일자리를 찾는 기법을 가르치고, 꾸준히 일자리를 지키지 못하게 만드는 습관이나 태도를 버리게 하고, 가족들이 취업 기회를 얻도록 돕는다.
- 세 번째 그룹(신체적인 능력과 정서적인 독립성을 모두 갖춘)은 두 번째 그룹의 정서적 의존을 제외한 모든 지원이 필요하다.

목표

외부의 도움 없이 오로지 일해서 번 수입만으로 최소한 6개월 동안 생계를 이어 나가게 되면 집사 사역의 지원을 종료할 수 있다.

예산 관리 결핍

뜻

실제로는 먹고사는 데 부족함이 없을 만큼 수입이 있음에도 표면적으로는 재정적인 의존도가 상당히 높아 보이는 경제 문제들이 있다. 문제는 수입이 아니라 자금 관리 기술이 부족하다는 데 있다. 이 문제의 주요 지표는 채무 불이행이다. 한 가정이 차근차근 갚을 수 있는(채권자와 맺은 계약에 따라) 수준 이상으로 빚을 지게 되면, 예산 관리가 불가능해진다.

사역

여기에 해당하는 가정에는 다음 지원이 전부, 또는 일부 필요하다.

- 효율적인 구매 기술을 키우도록 도우라. 충동적인가? 광고에 혹하는가? 아이들의 요구에 부담을 느끼고 쉽게 휘둘리는가? 가격이 적당한 물건을 잘 찾아내지 못하는가?
- 현실적인 우선순위를 세워서 소비하는 능력을 키우게 하라. 스스로 중요하다고 여기는 데에 돈을 쓰는 법이다. 하지만 가치와 필요, 실제 수입 사이에 균형을 맞춰야 한다. 개중에는 정서적인 문제가 소비로 이어지는 이들도 있다. 이런 문제들을 직시하고 적절히 대처해야 한다.
- 재정을 계획하고 평가하는 체계를 세우게 도우라. 예산을 세우고 지킬 수 있는 가정인가?
- 빚을 줄일 계획을 세우게 하라. 아직 상환하지 않은 채무들(의료비, 대학 학자금)은 일시적으로 가족 예산에 부담을 준다. 하지만 세심하게 관리하고 재정을 잘 설계하면 수입이 늘지 않아도 빚을 착실하게 갚아 나갈 수 있다.

목표

6개월 동안 연체 없이 모든 상환 의무를 감당할 수 있다면 그 가정을 위한 사역을 '성공적으로' 마무리 지을 수 있다('재정 상담의 틀과 운용'을 참조하라).

양성 기술 결핍

뜻

경제적인 문제들 이면에 가족 문제가 있어서 부모가 일자리를 찾아서 꾸준히 일하고 예산을 한결같이 통제하기 어렵게 만드는 경우가 많다. 이런 기초적인 경제활동 영역에서 가족은 각자 쏟는 노력을 서로 뒷받침할 줄 알아야 한다. 구성원들의 사회적·법적 의무 불이행 건수는 이 문제를 가늠하는 지표가 된다. 자녀들의 학습 성적 역시 가족의 양성 기술을 보여 주는 표지가 될 수 있다.

사역

가족 구성원들이 서로 욕구와 생각을 소통할 수 있게 하라. 가족 구성원들이 다른 식구의 이야기에 귀를 기울일 수 있게 도우라. 가족 구성원들이 가족 행동을 규정하는 규칙과 지침을 세우도록 도우라(부모의 경우는 기준을 세우고 일관되게 거기에 따르도록 단속하는 능력이 여기에 해당할 것이다). 가족 구성원들이 서로 사랑과 관심을 전달하게 도우라.

목표

가정의 양성 상태가 좋아지면 다른 문제들도(예산 관리, 재정 자립) 개선된다. 아이들이 규범과 지침을 어기는 사례가 줄어들거나 학습 성적이 향상되는지 살펴보라.

Service to Families: Problem Solving in Diaconal Outreach(John Guetter, Kalamazoo, Mich.: CRWRC, 1981)를 참고하라.

3

일자리를 찾고
꾸준히 일할 수 있도록 조언하다

적합한 일자리 찾기 지원 전략

다음 글을 끝까지 꼼꼼히 읽으라.

구직자에게 지원 그룹을 만들어 주라

'잡 클럽'(Job Club)은 실직자나 불완전고용 노동자 그룹이다. 모임의 목적은 정서적 지원과 비공식적인 동료 상담과 일자리 찾는 법 학습에 있다. 실직 상황에 맞닥뜨려 봤다면 누구나 이런 클럽의 중요성을 실감할 것이다. 적절한 안내와 지원 없이는 날이면 날마다 구직활동을 이어가기가 쉽지 않다.

모임은 교인들이 인도하면 된다. 외부 강사를 초청해 '취업 면접을 잘 치르는 법' 따위를 주제로 한 강의를 마련하라. 클럽 식구 하나하나마다 집사를 배정해서 지속적으로 격려하고 취업 과정을 추적한다. 멤버들을 상담해서 일자리를 꾸준하게 유지하지 못하게 만드는 나쁜 습관과 태도들을 버리게 한다.

일자리 찾기 서비스를 제공하라

집사들은 다양한 방법으로 실직자들이 일자리를 찾을 수 있도록 실질적인 도움을 줄 수 있다.

집사들은 취업 기회 리스트를 만들어서 관리할 수 있다(종일 일하는 상근직부터 교인들을 위한 노동까지 모든 자리를 다 아우른다).

교인들이 손을 찾는 일자리를 알게 되는 즉시 집사들에게 알리도록 적극적으로 권유해서 항상 최신 정보가 담긴 목록을 유지하라. 구인 업무를 담당하는 교회 직원에게 이 특별한 책임을 맡기라.

집사들이 취업 기회를 직접 개발할 수도 있다.

실직자가 스스로 쓸모없는 인간이란 생각에 사로잡혀 하릴없이 지내는 대신 부지런히 일하게 하고, 노동 경험과 훈련을 제공해서 시장성을 높이며, 더러 정직원으로 채용되는 결과를 낳을 수 있다는 이점이 있다.

집사들은 협동조합, 소규모 기업, 또는 생산업체를 차려서 수많은 실직자를 고용할 수 있다. 예를 들어, 인력사무소나 집수리 및 관리 업체 따위가 여기에 포함된다.

4

구직자의
일자리 찾기를 돕다

'직업' 상담의 틀과 운용

어쩌면, 좋은 일자리를 찾고 유지하게 하는 일이야말로 누군가에게 해
줄 수 있는 가장 지속적이고 적합한 집사 사역일지 모른다.

기본적인 직업 상담 절차

구직자가 보유하고 즐겨 사용하는 직업 기술을 파악한다.

어느 직업 기술 그룹(들)에 해당하는지 알아보라.

- 수작업 및 기계 작업 능력(기계, 소재, 도구, 동물을 이용해 종종 바깥에서 일
  함)
- 사무 및 수리 능력(일반적으로 누군가의 지시에 따라 데이터와 숫자를 다룸)
- 지도 및 관리 능력(사람들과 어울려 일하며 목표를 달성하기 위해 인력을 조직
  함)
- 교육 및 훈련 능력(말을 이용해 일하며 어떻게 사람들을 깨우치고, 고치고, 준
  비시켜야 하는지 잘 알고 있음)
- 분석 및 관찰 능력(아이디어를 동원해 연구, 조사, 문제 해결과 관련된 일을 함)
- 예술 및 직관 능력(상상력을 동원해 혁신하거나 창조하는 일을 함)

구직자가 지금까지 유급, 무급으로 이뤄 낸 가장 만족스러운 업적(또
는 더없이 흡족한 일이나 역할) 7가지를 주의 깊게 떠올리고 조사하라. 각각
의 일을 하는 데 동원된 기술들을 면밀하게 분석하라. 어떤 기량이 되풀
이해 쓰였는가? 리처드 볼스(Richard Bolles)가 쓴 《당신의 파라슈트는 어
떤 색깔입니까?》(*What Color is Your Parachute?* pp204-222)에 수록된 기술 목
록을 참고하라.

구직자가 어디서 기술들을 사용하고 싶어 하는지 파악한다.

- 다음과 같은 요건들은 고려할 필요가 있다.
- 구직자가 일할 수 있는 지리적 범위
- 일할 수 있는 작업 환경(외부 / 내부, 관리 감독 형태, 작업 인원 등)
- 감당할 수 있는 책임의 수준
- 가족의 필요를 채우려면 받아야 하는 최저 임금 등이다.

- 구직자가 가진 기술을 활용할 수 있는 일자리를 찾으라. 아이디어가 필요하면 다음 자료들을 참조하라.

Occupational Outlook Handbook(1982-83 edition), U.S. Dept, of Labor Bureau of Statistics, Bulletin 2200.

Life Planning(Kirk E. Farnsworth, Inter-Varsity Press, 1981), Appendix B (pp. 104-115)

- 고유한 기술을 가진 인력을 활용하고 싶어 하는 지역의 기관이나 단체들을 찾아보라.
- 지역 도서관의 구인 구직 안내
- 지역 전화번호부

'탐색 면담'에 나서라.

보유한 기술과 성향에 잘 '어울리는' 몇몇 일자리를 찾아냈다면, 이제 전화번호부와 다른 정보들을 바탕으로 관심을 보이는 일터나 기관을 찾아가라. 관계자를 만나서 물어보라.

- 어떻게 이 일을 하게 되었는가?
- 이 일에서 가장 좋은 점은 무엇인가?
- 이 일에서 가장 마땅치 않은 점은 무엇인가?
- 어디에 가면 이 일을 하거나 여기에 관심을 가진 이들을 만날 수

있는가?

- 같은 기술을 사용하는 (또는 같은 목표를 추구하는) 다른 부류의 직업이 있는가?
- 어느 질문이라도, 면담 상대가 답을 내놓지 못하면, 잘 알려 줄 수 있는 이의 이름을 물어보라.

인터뷰를 마칠 때마다 관심을 두고 있는 기관이나 일과 관련해 더 많은 이들과 연결되어야 한다. 면담 시간은 15-20분 정도를 넘지 않게 하라. '잠입 취재' 중인 기자처럼 행세하지 말라. 구직자가 분명한데도 마치 구직자가 아닌 듯한 인상을 상대에게 주지 말라. 기관의 장점뿐만 아니라 아쉬운 부분과 문제점들까지 알아내려 하고 있음을 잊지 말라.

정식 구직자의 입장으로 몇몇 기관들을 다시 찾아가라.

- 가장 마음에 들었던 기관 두세 곳을 방문하라. 채용 권한을 가진 인물을 만나라(담당자가 누군지 정확하게 알고 있어야 한다). 일자리를 찾고 있다고 솔직하게 털어놓고 설명하라.
- 어째서 이 기관에 관심을 두는가?
- 이 일이나 작업에 흥미를 느끼는 이유는 무엇인가?
- 기관의 결점이라고 판단한 부분을 사람이 가진 기술로 어떻게 메울 수 있는가?
- 고용주는 당장 빈자리가 없어도 어떻게든 채용하거나, 곧 자리가 날 테니 기다려 보라고 하거나, 아예 퇴짜를 놓을 수도 있다. 점찍어 둔 다음 기관으로 가라.

리처드 볼스(Richard Bolles)의 《당신의 파라슈트는 어떤 색깔입니까?》를 참고하라. 유용성과 정보에서 견줄 상대가 없을 만큼 탁월한 책이다.

고등학교 교육을 받지 못한 이들에게는 여기에 설명한 과정을 다 밟게 하는 게 쉽지 않은 일일지 모른다. 하지만 이 책을 활용하면 집사들은 일자리를 찾는 이들을 얼마든지 도울 수 있다.

5

필요하지 않은
구매를 줄이도록 돕다

'재정' 상담의 틀과 운용

현재 재정 상태를 파악하고 가정의 형편에 맞는 계획을 세워 실행할 때 좀 더 바람직한 재무 관리가 가능해진다. 현재의 상태를 파악하라.

현재 재정 상태 파악

최소한 한 달 치 일일 지출을 기록해 월간 명세를 정리하라.

- 고정 지출 : 십일조, 주택임대료, 세금, 보험, 그 밖에 할부금과 수수료도 포함하라.
- 유동적인 지출 : 식비(외식비 포함), 가사 경비, 의료비, 교통비, 공공요금, 오락 및 여가 활동 비용, 주택 관리비, 의류 구입 및 세탁비, 교육비(학교, 학원, 책), 가구와 선물 구입비, 그 밖의 비용이다.

  주의 : 월간 지출로 정리하기 애매한 '숨은' 빚을 놓치지 말라. 월 단위로 추정해서 지출 내역에 포함시키라. 경조사비도 마찬가지다. 아울러, 예상치 못한 상황에 대비해 의료비도 따로 떼어 놓으라.
- 급여, 이자 수익, 배당금, 선물 따위를 모두 아우르는 월간 수입 명세를 작성하라.
- 수입이 지출보다 많은가? 지출 명세를 꼬박꼬박 기록하기만 하면 예산 관리에 어려움이 없을 것이다.
- 지출이 수입보다 많은가? 부채 관리 프로그램이 필요하다.

예산 관리

- 현재의 지출과 수입을 바탕으로 위에 제시한 항목마다 현실적인 예산을 세우라.
- 각 항목의 수입과 지출을 장부에 꼼꼼하게 기록하라. *All The Money You Need*(George L. Ford, World Books, 1976, Waco, Texas, 76703)에 좋은 본보기가 실려 있다(50-53쪽).
- 경험치에 비춰 볼 때, 10-75-15원칙을 따라 예산을 세우는 게 바람직하다. 연간 수입의 10퍼센트는 하나님 나라 사역에, 75퍼센트는 생활비에, 나머지 15퍼센트는 저축과 투자에 사용한다.

채무 관리 계획

- 예산이 안고 있는 문제점들을 분석하라.
  - 회계 장부의 기록과 발행된 가계수표 금액이 일정하고 정확하게 안정을 이루고 있는가?
  - 충동구매 경향이 있는가? 보통 외상으로 구매하는 편인가?
  - 가계 수입에 비해 주거비 비중이 지나치게 높지 않은가?
  - 식사, 가사, 차량 유지에 들어가는 경비를 줄일 수 있는가? 절감 방법 목록은 *Your Finances in Changing Times*(Larry Burkett, m Campus Crusade for Christ, Arrowhead Springs, San Bemadino, CA 92403, 1975)에서 볼 수 있다.
  - 가족이 지나치게 많은 보험에 가입되어 있지는 않은가?
  - 오락 및 여가 활동 비용을 줄일 수 있는가? 이건 늘 가능한 편이다!
- 꼭 필요하지 않은 구매를 줄일 계획을 세우고 실천하라.

- 절대적으로 필요한(특별히 예산을 책정해 놓은) 물품이 아니라면 반드시 30일간 기다려 보라.

    1) 그런 물품을 사고 싶은 마음이 들면, 날짜와 함께 목록에 적어 놓으라.

    2) 목록에 올라가고 30일이 지나기 전까지는 절대로 사들이지 말라.

    3) 목록에 있다 하더라도 한 달에 하나씩만 구매하라.

    4) 목록에 있는 물건은 신용카드로 구입하지 말라.

- 무엇을 사든, 먼저 스스로에게 물어보라.

    1) 없어도 잘 지낼 수 있지 않을까?

    2) 조금 더 저렴한 상품으로 대체할 수는 없을까?

    3) 같은 물건을 파는 다른 가게들과 가격 비교는 해 보았나?

    4) 자주, 많이 쓰는 물건인가?

- 구체적으로 사야 할 물건이 있을 때만 쇼핑에 나서라.

• 채무 관리 계획을 세우라.

    - 가족의 생활비를 수입의 75퍼센트로 모든 지출을 감당하는 수준까지 절감하라(오락과 여흥에 쓰는 비용, 충동구매, 주거비를 줄이라).

    - 수입의 15퍼센트는 부채 상환에 투입하라(당연한 얘기지만, 이는 어림잡은 수치다). 빚을 다 갚고 나면, 이 15퍼센트를 저축과 투자에 사용하라. 월세를 비롯한 고정 비용들은 연체가 되지 않는 한, 여기서 말하는 '갚지 않은 빚'에 포함되지 않는다.

    - 수입의 10퍼센트는 하나님 나라 사역에 사용하라.

6

고난을 겪는 이에게
예수 사랑을 전하다

어려움을 겪는 이들을 돕는 법

인간의 불행 가운데 상당 부분은 고통스러운 일이 자신에게 벌어졌다는 데 대한 분노와 놀라움이 차지한다. 고난이 어디서 비롯되는지 알게 되면, 크리스천은 놀라움을 잘 처리할 수 있다.

요한복음 9장 1-5절과 누가복음 13장 1-5절에 따르면, 자연재해와 질병은 통상적으로 인간이 저지른 특정한 죄에 대한 형벌이 아니다.

로마서 8장 19-23절(창 3:16-18 참조)은 일반적으로 죄 때문에 온 세상에 질병과 죽음, 자연재해가 가득함을 보여 준다. 그게 바로 인류에게 내린 저주다.

그러므로 크리스천은 고난을 이상하게 여길 이유가 없으며 죄에 물든 인류의 한 구성원으로 마땅히 감수할 수밖에 없음을 알아야 한다. 그래야 고통스러운 일이 닥쳤을 때 느끼는 혼란과 놀라움이 줄어든다.

인간을 다스리는 하나님의 주권을 인정하라.

인간을 다스리는 하나님의 주권을 인식할 때, 크리스천은 분노를 다스릴 수 있게 된다.

하나님은 우리를 지으시고 또 살아가게 하신다. 우리는 그분의 소유다. 인간은 무엇 하나 빠짐없이 모두 다 그분에 기대어 삶을 이어 나간다. 주님은 인간에게 빚진 게 단 하나도 없다(욥 9:12).

그런데도, 하나님은 인간에게 어울리지 않는 엄청난 은혜를 베푸신다(시 103:4). 하나님께 '공의'를 요구한다면, 당장 파멸을 면치 못할 것이다. 분노라는 자기 연민은 설 자리가 없다.

세상에 일어나는 모든 일에는 하나님의 뜻이 숨어 있다.

로마서 8장 28절을 보라. 하나님은 거룩한 자녀들을 위해 모든 역사적 사건과 조건들을 아울러 선을 이루게 하신다. 십자가 아래 섰던 수많은 이들은 생각했을지 모른다. '어떻게 하나님이 이렇게 선한 이를 죽게 버려두실 수 있단 말인가! 하나님은 우리한테 득이 될 만한 게 뭐 있다고 이리하시는가?' 하나님은 모든 것이 합력하여 선을 이루게 하시지만, 특정한 사건이 어떻게 역사의 복잡한 씨줄과 날줄 속에 끼어 들어가는지 정확하게 보여 주시겠다고 약속하지는 않으신다. 그건 한 컵 용량의 두뇌에 1천 톤쯤 되는 물을 쏟아붓는 꼴이 될 것이다.

하나님은 고난에 담긴 뜻을 이미 알려 주셨다.

• 히브리서 12장 1-10절을 비롯한 여러 구절에서, 성경은 비극적인 사건에 담긴 하나님의 뜻을 '추정하려' 하지 말고 이미 알려 주신 주님의 뜻, 다시 말해 은혜 가운데 성장하기를 추구하라고 말씀한다.

• 하나님은 고난을 통해 이런 일을 이루신다.

-자기 확신과 교만을 깨트리신다.
고난이 실제로 인간을 무력하고 하나님께 의지하도록 만드는 건 아니다. 인간이 본래 허약하며 홀로 설 수 없음을 보여 주고 그 사실을 인정하도록 몰아갈 따름이다.

-자신을 점검하게 한다.
고난과 시련은 최악의 상황을 몰고 온다. 연약한 믿음, 날 선 혀, 게으름, 인간에 대한 무감각, 염려, 냉랭한 심령을 비롯해 성품의 여러 결함이 또렷이 눈앞에 (그리고 다른 이들 앞에) 드러난다.

-하나님께 충성하는 뜻을 더 도탑게 한다.

고통에 시달리다 보면 하나님께 반역하고 싶은 유혹이 들게 마련이다. 건강하고 매사가 잘 풀릴 때는 순종하기 쉽지만, 그 인도하심에 따르자면 대가를 치러야 하는 상황에서는 마음이 흔들린다. 시련을 겪으면서, 크리스천은 하나님의 음성을 듣는다. "애야, 내가 성실하게 너를 기다리는 동안은 우리 사이에 아무 문제도 없지 않았니? 이제 네가 진정으로 나를 섬기려 애쓰는지, 아니면 오로지 내가 너를 도와주기만 바라는지 알 수 있겠구나!"

-더 따뜻하고 너그러운 마음을 갖게 한다.

크리스천은 고난을 겪을 때, 마음이 더 부드러워져서 고통스러워하는 다른 이들을 도울 수 있다. 더 쓸모 있는 일꾼이 되는 셈이다(고후 1:3-4).

-그리스도의 증인이 되게 한다.

크리스천들이 묵묵히 고난을 견디는 모습에 세상은 깊은 인상을 받게 된다. "와! 얼마나 대단한 신을 믿기에 이 모든 일들을 받아들이는 걸까? 저 사람의 하나님은 진짜가 틀림없어!"

하나님이 고난을 어떻게 보시는지 파악하라

고난을 영원한 영광과 비교해 평가해야 한다. 그래야만 올바른 시각으로 고난을 바라볼 수 있다.

고난이 지속되는 시간과 영원 사이에서 균형을 잡으라. 고난 없이 살아갈 무한한 '세월'에 비하면 지금 겪는 어려움은 순간에 지나지 않는다. 인생이 기껏해야 100년이라고 믿는다면 고통이 훨씬 무겁게 느껴지지만, 삶이 영원하다고 생각하면 고난은 쏜살같이 사라지는 사건일 따름이다. 억만장자는 백만 원을 도둑맞아도 별 느낌이 없지만, 그럭저럭 살림을 꾸려가는 서민이라면 뼈아프게 다가올 것이다. 영광이라는 점에서 보면, 크리스천은 억만장자다.

고난의 쓰라림과 영광 사이에서 균형을 잡으라. 시련을 겪고 있는 이에게 "이건 아무것도 아니야, 형편이 훨씬 더 어려운 사람들도 있어"라고 얘기하는 건 보탬이 되지 않는다. 오히려, 현재의 고난을 하늘나라의 기쁨과 영광에 견주라. 고난은 비교 대상에도 들지 못할 것이다(고후 4:17-18). 천국을 흘낏 넘겨다본 스데반은 너무나 감격해서 처형을 코앞에 뒀다는 사실마저도 잊어버린 게 아닌가 싶다(행 7:55-56). 천년의 고통이라도 1초의 영광에 미치지 못한다.

올바른 시각으로 고난을 바라보려면 하나님 말씀을 묵상해야 한다.

고난에 담긴 하나님의 섭리를 받아들이라

하나님은 성령님을 통해 약함을 돕겠다고 약속하셨다(롬 8:26). 그렇지만 우리가 순종하기 시작할 때까지는 도우실 수 없다. 빌립보서 2장 12-13절 역시 우리가 일할 때 하나님도 일하신다고 이야기한다.

간추리자면, 고난을 견디는 힘은 하나님이 요구하시는 책임과 의무를 다하는 가운데 생긴다. 하나님의 명령을 외면하지 말라. 말씀을 읽고, 기도하고, 연구하고, 교제하고, 섬기고, 증거하고, 순종하라. 육신으로 할 수 있는 일을 모두 다 하라. 평강의 하나님이 함께하실 것이다.

히브리서 5장 8절, 12장 1-17절, 13장 5절 / 로마서 8장 18-30절 / 고린
도후서 1장 3-12절, 4장 7절-5장 5절, 11장 24절-12장 10절 / 고린도전
서 10장 13절 / 빌립보서 4장 10-15절 / 마태복음 6장 25-34절 / 이사야
43장 1-2절 / 시편 55편 22절 / 여호수아 1장 9절

7

목표에 이를 수 있도록
구체적인 방법을 세우다

사역 계획 개발

우선, 곱씹으며 들으라. 끌어안고 있는 문제와 고통을 이야기하고 나누도록 잘 다독이라. 그리고 나선, 적극적으로 공감해 주라. 문제가 얼마나 오래 지속돼 왔는지, 해결하기 위해 어떤 노력을 해 봤는지, 그게 도움이 됐는지, 상태를 더 악화시킨 요인은 무엇인지, 그런 상황에서 가장 두렵고 압박감을 느끼는 요인은 무엇인지 알아내라.

수요 조사

결핍의 근본 원인은 무엇인가?

가난의 형태를 구분하라(앞에 실린 글, '가난의 두 가지 형태'를 참조하라).

조사 대상, 또는 가족이 '갑자기 형편이 어려워진 경우'에 해당하면 집사 사역은 훨씬 간단해진다.

가난의 근본 원인은 억압(고용주, 또는 지주의 사악하고 부당한 대우를 비롯해), 재해(질병이나 사고 같은), 죄(그릇된 판단, 게으름, 자제력 결핍 따위) 등이다.

집사는 통상적으로 이런 요인들 가운데 하나가 문제의 뿌리에 도사리고 있음을 파악하게 된다. 그렇다면 이제, 시급한 필요를 채워 주고, 가난의 뿌리를 잘라내려 노력해야 한다. 예를 들어, 새 일자리를 알아보고, 치료를 주선하며, 죄를 뉘우치고 상담을 받도록 이끌어 주어야 한다.

조사 대상, 또는 가족이 만성적인 빈곤 가정에서 성장한 배경을 가진 경우라면, 그 가정이 겪는 가난의 뿌리를 어느 하나로 특정하기 어렵다. 오히려, 위에서 이야기한 세 가지 근본 원인들이 단단히 얽히고설킨 형국일 것이다. 비관적인 정서가 짙게 깔려 있고 평범한 이들에게는 분명한 '절약'이나 '예산 짜기' 따위의 개념을 그들은 아예 모를 수도 있다. 이런 가족에게는 장기적인 지원이 따라야 한다.

세 가지 일반적인 하위 문제들 가운데 어떤 요소를 가지고 있는가?('자비 사역의 수요 평가'를 참조하라)

- 필요를 채우기에 부족한 수입(실직, 또는 불완전고용)
- 신체적으로 독립적인 활동이 불가능한 상태인가?
- 정서적으로 의존적인가?
- 신체적, 정서적으로 독립적인가?
- 예산 관리 부실(수입은 충분하지만 자금을 관리하는 기술이 없는 상태)
- 구매 기술이 부족한 탓인가?
- 우선순위가 비현실적이기 때문인가?
- 예상치 못한 지출 탓인가?
- 제대로 훈련받지 못했기 때문인가?
- 양성 기술이 결핍되어 있는가?

필요의 폭은 정확히 어디까지인가?
- 재정적인 필요의 폭은 어디까지인가?
- 총 자산은 얼마인가?
- 총 수입은 얼마인가?
- 지출과 부채의 규모는 얼마나 되는가? 상환이 연체된 채무가 있는가?
- 기대볼 만한 다른 자원이 있는가? 가족과 친구들은 어떠한가?
- 자금을 운용하는 정부와 민간 단체 가운데 이 가족이 지원을 신청해 볼 만한 기관이 있는가? 교인들 가운데 돕는 일에 관심을 둔 이가 있는가?
- 재정과 관련된 그 밖에 특별한 문제들이 있는가?
- 건강 문제와 장애
- 충족되지 않은 교육, 오락, 사회적 필요
- 법률적인 문제

- 가족 양성 기술 부족 외에 인간관계나 정서의 문제
- 찾아낸 문제를 정리해 간단한 목록을 만들라.
- 근본 원인들
- 하위 문제들
- 재정적인 필요의 폭 : 구체적인 수치로
- 관련된 그 밖의 모든 문제들

문제의 틀

웬만한 문제들은 다음 네 갈래 기본 유형으로 나눠진다.

정보 부족

어떤 문제들에는 교육적인 상담이 필요하다. 개중에는 어떻게 일자리를 구하고 돈을 모으는지, 어디에 가야 의료 지원을 비롯한 서비스를 받을 수 있는지 전혀 모르는 이들이 있다. 이들에게 해당되는 근본적인 필요는 교육이다.

지지 기반 부족

책임 있는 행동을 지지해 주는 관계가 결핍돼 일어나거나 심해지는 문제들이 있다. 가족이나 친구들이 공감할 줄 모르고 도움이 되지 못한다면 정보만으로는 충분치 않다. 이들에게는 관계가 필요하다.

능력 부족

지식과 지지 기반 결핍보다 더 깊은 데 도사리고 있는 문제다. 더러 돈 관리, 명확한 의사소통, 시장성 있는 직업 기술처럼 무슨 일인가를 해내는 데 필요한 솜씨와 숙련도가 떨어지는 이들이 있다. 이들에게는 훈런이 필요하다.

물질적인 자원 부족

적절한 수입, 주택, 의복, 음식이 모자라는 이들을 가리켜 물질적인 자원이 부족하다고 할 수 있다. 주로 앞에서 이야기한 세 가지 하위 문제 가운데 하나 때문에 생기지만 자연재해 따위에서 비롯되기도 한다. 다른 요인들과 상관없이, 오로지 그 사람의 성품 탓에 발생할 수도 있다.

이제 문제 하나하나를 개인의 책임을 명확히 밝히는 표현을 써서 구체적으로 명시하라. "일하면서 생기는 갈등을 해결할 줄 몰라서 분통을 터트리는 쪽으로 마무리하는 경향이 있음. 지난 두 직장도 결국 그래서 그만둠"이라든지, "작년에 임금은 5퍼센트가 올랐는데, 임대료가 50퍼센트나 더 비싼 집으로 이사함"이라고 기술하는 식이다.

문제점을 기록한 진술서를 보여 주고 토론을 통해 항목마다 동의를 받아내라.

해결의 틀

문제 해결에 착수하는 순서를 정하라.

어느 편이 상대적으로 더 근본적인 문제처럼 보이는가? 조사를 시작할 때 근본 요인을 살펴야 한다는 점을 잊지 말라. 상대의 생각을 물어보라. 함께 결정하라.

문제마다 목표를 세우라.

목표란, 문제가 해결되고 난 뒤에 어떤 상태가 되기를 바라며 언제 그 뜻을 이루기를 기대하는지에 대한 구체적인 설명을 말한다(이렇게 하면, 형편이 어려운 이와 도움을 주려는 쪽 모두가 지금 어디로 가고 있는지 정확하게 알 수 있다). 예를 들면, 이런 식이다. "9월까지 ＿＿＿를 제외한 청구된 모든 대금을 지불하며, 11월까지는 갚지 않은 채무가 전혀 없게 한다."

목표에 이르기 위해 동원할 수 있는 온갖 방법들을 다 생각해 보라.
하나하나마다 장단점을 평가하라. 위험스럽거나 비성경적이 아니라면, 도움을 받고 싶어 하는 이가 대안을 선택하게 하라.

대안이 나오면, 사역 계획서를 작성하라.
- 지원 형식
  - 집사 기금의 재정 지원? 대출? 일회적인 현금 보조? 수혜자에게 지급할 것인가, 아니면 청구된 대금을 직접 갚아 줄 것인가?
  - 집사들이 전체적으로 조율하는 가운데 관심을 가진 개인들이 재정적으로 지원하게 할 것인가?
  - 교인들의 노동과 봉사(아기 돌보기, 법률적인 조언, 집 수리, 이사 등). 이런 부류의 도움을 무상으로 제공하면 부채를 청산하고 가계 수지를 맞추는 시점을 앞당길 수 있다.
  - '실물'(음식, 의류, 가구 등)로 지급?
  - 기독교기관이 아닌 여러 일반 단체의 도움은?
  - 직업 훈련과 일자리 알선? 교회가 비용을 부담하는 다른 교육?
- 지속적인 지원 조건
  - 재정 상담? 가족들에게 예산을 세우게 당부하고 집사와 의논해 가며 집행하게 할 것인가?
  - 개인 상담? 상대방은 개인과 인간관계의 문제가 경제적인 어려움과 관련이 있음을 인정하는가?
- 영적인 상태를 살피는 사역

- 사역에 참여하는 집사들은 지원의 이면에 개인적으로 체험한 하나님의 은혜라는 동기가 깔려 있음을 늘 설명하라. 도움을 받는 이가 크리스천이 아니거나 영적인 상태를 알 수 없다면, 도움을 주는 관계를 이어가는 사이에 적절한 시점을 택해 복음을 전해야 한다.
- 수혜자가 크리스천이라면, 시련을 겪는 동안 은혜 가운데 성장하며, 성경적인 시각으로 고난을 바라보고, 교회의 예배와 교제에 참여하도록 도울 계획을 세워야 한다.

목표 대비 진행 상황을 판단해서 사역의 효과를 가늠할 계획을 세우라.

8

'문제의 틀'과
'해결의 틀'을 통해 가난을 구하다

사례 연구

사례 1

2명의 평신도가 여름성경학교에 나오는 아이들의 가정을 방문하는 중이다. 한 집에 갔더니 C씨(32세 기혼여성)가 네 명의 자녀(16세, 13세, 11세, 7세)와 살고 있다. 맏딸은 쌍둥이 두 딸(1세)을 두었다. C씨는 세 번 결혼했고 두 번의 이혼 경험이 있으며 지금 남편과는 연락이 끊어진 상태다. 가족을 부양할 능력은 거의 없다. 정규 교육 수준이 초등학교 3학년에 불과해 높은 급여를 받는 직업을 가질 수가 없다. 딸 조안(Joan)은 영적인 문제에 긍정적인 관심을 보이며 복음에 관해 오래 이야기한다. 하지만 조안은 엄마랑 성매매를 해서 모자라는 생활비를 메꿔 가고 있다고 친구들에게 털어놓는다. "그만두면 엄마가 펄쩍 뛸 테고, 우린 식사도 못 챙기게 될 거야!"

사례 2

교인 가정이 값비싼 주택을 사들였다. 프레드(Fred)와 모니카(Monica) 부부는 앞으로도 수입에 별 변화가 없으리라고 생각했다. 하지만 집을 사고 난 지 얼마 안 돼서 모니카는 계획에 없던 아이가 생겼음을 알게 됐다. 엎친 데 덮친 격으로, 프레드도 신장에 문제가 생겨서 여섯 달 동안이나 일을 쉴 수밖에 없었다. 지금 프레드는 다 나았고 아이도 태어났다. 모니카는 이제 일을 그만두고 집에서 아기와 지내고 싶어 한다.

이 모든 요인들이 부부를 경제적인 어려움에 빠뜨렸다. 집을 사기 위해 얻은 대출을 감당하지 못해 몇 달씩 분할 상환금을 연체 중이다. 집을 되팔려고 애쓰고 있지만 부동산 중개인들은 우선 페인트를 칠하고 여기저기 고치는 게 좋겠다고 주문한다. 프레드는 집사 사역 담당자들을 찾아가서 말한다. "와서 집을 칠하고 수리하는 일을 도와주실 수 있을까요? 저희로서는 달리 방도가 없습니다." 요청을 들은 한 집사는 속이 편치 않다. "프레드네 집은 우리 집보다 거의 두 배는 크고 수입도 나보다 훨씬 좋은데, 왜 그 친구를 도와야 한다는 거지?"

===== 함께 나눌 질문들 =====

1. 앞에서 다룬 두 글, '왜 아낌없이 베풀어야 하는가'(Part 1:3)와 '우리가 도와야 하는 사람은 누구인가'(Part 1:4)를 바탕으로 생각해 보라. 두 사례에 어떤 성경의 원리를 적용할 수 있겠는가?

2. 사역 계획 개발을 다룬 부분을 다시 살펴보라.
   - '문제의 틀'에 제시된 내용에 따라 각 사례의 문제와 필요를 평가하라.
   - '해결의 틀'에 제시된 내용에 따라 각 가정을 지원할 계획을 세워 보라.

실천해 보기

1. 지금까지 공부한 내용 가운데 가장 중요한 점은 무엇인가? 목록을 작성해 보라.

2. 교회에서 실천해 보고 싶은 일 두세 가지를 골라 적어 보라.

3. 계획을 실행하려면 다음 중 무엇이 있어야 한다고 생각하는가?

____ 더 많은, 또는 더 나은 정보(프로그램, 교회, 공동체 등)인가? 구체적으로 어떤 정보가 필요한가?

____ 더 많은, 또는 더 나은 기술(능력, 전문 지식 등)인가? 구체적으로 어떤 기술이 필요한가?

____ 핵심적인 인사들이 제공하는 더 많은, 또는 더 나은 지원인가? 어떤 인물의 지원이 필요한가?

____ 더 많은, 또는 더 나은 자원(돈, 시설, 인력 등)인가? 어떤 자원이 필요한가?

4. 부족한 요소들을 확보할 간략한 계획을 세우라. 어떻게 정보를 얻고, 기량을 키우고, 사람들의 지원을 얻고, 재정을 모을 것인가?

교회 생존에 절대적이고 결정적인 직분,
집사의 특권과 영광을 재조명하다

교회 안에서 가장 많은 수를 차지하는 직분이 집사다. 집사 직분으로 한참을 교회 생활을 하고서도 자신이 어떤 자리에 부르심을 받았는지, 뭘 해야 하는지 남몰래 고민하는 이들이 많다.

혹시 팀 켈러가 집사들을 위한 자료집을 출간한 사실을 알고 있는가. 또한 그 자료집이 그의 수많은 저술 중 첫 번째 작품인 것을 알고 있는가. 미국장로교 교단은 집사의 소명과 역할과 비전을 정리할 필요를 느꼈고, 팀 켈러에게 이 일을 맡겼다. 팀 켈러가 이 책을 쓰면서 정리한 성경적 집사관은 그가 이후 뉴욕 맨해튼에서 리디머교회를 개척할 때 교회가 나아갈 방향을 이끌어 줄 실제적인 매뉴얼로 쓰였다. 이 책은 그의 초기작이지만, 그럼에도 불구하고 지금 이 시기 한국 교회에 큰 도움이 되리라 생각해 번역본의 출판을 결심하게 되었다. 집사의 부르심이 무엇인지 우리 마음속에 새롭게 다시 들려지기를 바라는 마음이다.

팀 켈러는 "역설적이게도 교회는 교회를 목표로 하지 않을 때 가장 성장한다"고 했다. 내가 살고 있는 지역과 사람들을 섬길 때 부흥이 일어난다는 뜻이리라. 그는 '말씀 사역'과 가난한 이들을 향한 '자비 사역'(긍휼 사역)이 함께 이루어져야 한다고 항상 강조했다. 이 책은 기독교의 양 날개인 말씀 사역과 자비 사역 중에서, 자비 사역을 담당하는 집사에 초점을 맞추었다.

팀 켈러는 집사 사역은 곧 자비 사역이라고 단언한다. 교회 공동체뿐만 아니라, 교회 밖의 가난한 이들을 섬기며 돌보도록 우리의 시선을 돌린다. 자기만을 최고로 여기며, 자기중심적으로 살아가는 이 시대 그리스도인들에게 경종을 울린다. 이 책을 통해 교회 안팎의 약하고 여리고 상처받은 이들을 돌보고 가난에서 구제하기 위해 자신의 시간과 재능을 쓰는 삶이야말로 주님이 기뻐하시는 삶임을 알게 될 것이다. 집사야말로 부르심이며, 사랑이며, 영광이며, 특권이다.

이렇게 우리의 시간과 재능과 돈을 아낌없이 쏟아부을 때 과연 어떤 일이 일어날까? 자비 사역(긍휼 사역)이라는 거룩한 허비가 어떻게 한 영혼을 바꾸고, 교회를 바꾸고, 세대를 바꾸며, 세상을 놀라게 하는지 우리는 기독교 역사 속에서 이미 보았다. 초대교회 성도들은 로마 세계를 흔들어 놓았고, 마케도니아 성도들이 예루살렘 성도들을 도왔다. 또한 오늘날 우리 가운데도 이런 사랑의 수고 덕에 구원받은 영혼이 얼마나 많은가! 재정으로 도울 수 있다면 재정으로, 형편이 여의치 않다면 자신의 시간과 재능으로 도울 수 있다. 섬김의 현실화, 구체화를 가르쳐 주는 이 책은 집사 직분자를 위한 탁월한 가이드다. 온전한 교회를 세우기 위해, 교회의 기초가 되는 직분자들을 위한 친절한 안내자 역할을 톡톡히 해 줄 것이다.

이 책은 "집사의 직분은 예수 그리스도 아래 있는 고귀한 부르심이다. 중요도가 떨어지는 보조적인 직분도 아니다. 교회가 생존하는 데 절대적이고 결정적이다"라고 말한다. 그래서 분초를 쪼개어 나의 성공, 나의 성장만을 위해 달려가던 우리를 멈추게 한다. 은혜를 입은 자로서 공동체와 세상에 사랑을 심는 자로서 각자의 사명을 감당할 때, 세상이 다시 교회를 향해 궁금해하며 돌아오는 역사가 일어날 것이다. 다시 그 부르심에 합당한 자로 교회와 세상을 섬기기를 원하는 이들이 불일 듯 일어나기를 소망한다.

부록 1

도움이 될 만한 기관

Part 2

9. 섬김은행의 운영 규정

Caring Ministry. Churches Alive! Box 3800, San Bemadino, CA 92413

Part 3

1. 빈민 사역

- Referral and Follow-up Program, National Easter Seal Society, 2023 West Ogden Ave., Chicago, Ill. 60012
- FISH International, 29 Commonwealth Ave., Boston, MA 02116
- Sojourner's Fellowship, 1308 L. St. NW, Washington, D.C. 20005
- The Church of the Savior, 1825 Massachusetts Ave., Washington, D.C..
- Grace and Peace Fellowship, 6003 Kingsburg Ave., St. Louis, MO 63112.
- Voice of Calvary Ministries(1655 St. Charles St¨ Jackson, Miss. 39209)

- Laubach Literacy, Inc., Box 131, Syracuse, N.Y. 13201
- The Tutor's Handbook Voluntary Resources Division United Planning Organization, 1021 Fourteenth St" NW Washington, D.C. 20005

2. 난민 재정착

- World Relief Services, National Association of Evangelicals의 한 부서, P.O. Box WRC, Nyack, NY 10960 / 914-353-0640).
- Lutheran Immigration and Refugee Service, 360 Park Avenue South, New York, NY 10010/ 800-223 7656 또는 7657.
- 필라델피아에서는 Lutheran Children and Family Service, 2900 Queen Lane, Philadelphia, PA 19129 / 215-951-6850
- Skilton House, 930 W. Oleny Avenue, Philadelphia, PA 19141 / 215-924-2426
- 미국성서공회, 1865 Broadway, New York, NY 10023.
- 국제기드온협회, 2900 Lebanon Road, Nashville, TN 37214.
- American Scripture Gift Mission, 1211 Arch Street, Philadelphia, PA 19107
- World Relief Refugee Services, P.O. Box WRC, Nyack, NY 10960; and the Far
- 극동방송, P.O. Box 1, La Mirada, CA 90637.
- Lutheran Immigration and Refugee Service(360 Park Avenue South, New York, NY 10010 / 800-223-7656)
- Cambodia Crisis Center, 1523 L Street NW, 6th Floor, Washington,DC 20005 / 202-347-4910
- Committee on Diaconal Ministries of the Orthodox Presbyterian Church(c/o Rev. Lester R. Bachman, 806 Dorsea Road, Lancaster, PA 17601)
- 기아대책기구(Food for the Hungry, Box E, Scottsdale, Arizona 85252)
- 월드비전(World Vision International, P.O. Box O, Pasadena, CA 91109),
- World Relief Refugee Services(P.O. Box WRC, Nyack, NY 10960)
- Lutheran Immigration and Refugee Service
- Skilton House,930 W. Olney Avenue, Philadelphia, PA 19141 / 215-924-2426
- Skilton House(215-942-2426)

3. 노인들의 필요 찾기

- Tom and Penny McCormick, Nursing Home Ministry : A Manual (Great Commission

Publications).

- Robert Gray and David Moberg, The Church and the Older Person (Eerdmans).
- Report of the Committee on Senior Ministry, Christian Reformed Board of Home Missions (1985)
- "교회에서 어르신 클럽 프로그램을 시작하는 법"(How to Begin the Church Senior Adult Club Program)
- "어르신 이동 사역을 시작하는 법"(How to Begin the Senior Adult Transportation Ministry)
- "전화 안부 사역을 시작하는 법"(How to Begin the Telephone Reassurance Ministry). • Missions Support Section(Baptist General Convention of Texas, Baptist Building, Dallas, Texas 75201)

5. 요양원 사역

- American Red Cross Friendly Visiting Manual
- American Red Cross Volunteer Services (23rd and Chestnut Streets Philadelphia, PA 19103)
- Institutional Evangelism(Idea Series No. 18), Christian Reformed Board of Home Missions

6. 어린이 사역

- National Program for Voluntary Action(Paramount Building, 1735 "I" St, NW Washington, D.C. 20006)
- FLOC(Church of the Savior, Washington, D.C.)

8. 미혼모 사역

- Children's Home of Florida (201 Osceola Ave. at South Palmetto, Daytona Beach, FL 32014 / 904-255-7407
- Bethany Christian Services, 901 Eastern Ave., NE, Grand Rapids, MI 49503(610-459-6273

11. 장애인 사역

- U.S. Department of Health and Human Services Bureau of Education for the Handicapped U. S. Office of Education Washington, D. C. 20202
- Joni and Friends(Box 3225, Woodland Hills, Calif. 91365

- National Program for Voluntary Action (Paramount Building, 1735 "I" St. NW, Washington, D.C. 20006

12. 재난 구호 사역

- 미국 적십자사(Eastern Headquarters: 615 N. St. Asaph St. Alexandria, VA 22314)
- 중서부본부(10195 Corporate Sq. St. Louis, MO 63132)
- 서부본부(1870 Ogden Dr. Burlingame, CA 94010)
- 대한적십자사 https://www.redcross.or.kr

부록 2

참고 도서

Part 2

4. 사역의 바탕이 되는 은사

- C. Peter Wagner, Your Spiritual Gifts Can Help Your ChurchGrow. (Glendale: Regal, 1978)

6. 교회 성장을 위한 집사 사역의 전략

- 《누가 나의 이웃인가》(John Stott)
- Evangelism: Doing Justice and Preaching Grace?(Harvie Conn)
- With Justice for All(John Perkins

14. 노회 집사연합회

- Publications List: Community Organizing to End Hunger(The Children Foundation, Suite 614, 1028 Connecticutt Ave., N.W., Washington, D.C. 20036)

Part 3

1. 빈민 사역

- *Open Heart, Open Home*(Karen Mains, David C. Cook)
- Block Captain System, Idea Series No. 1, Evangelism Dept., Board of Home Ministries 2850 Kalamazoo Ave., SE, Grand Rapids, Michigan 49508

- *The Church and the Rural Poor*(J. H. Cogswell, John Knox Press) Community
- *Involvement,* Idea Series No. 16(Christian Reformed Board of Home Missions)

3. 노인들의 필요찾기

- *Report of The Committee on Senior Ministry,* Christian Reformed Board of Home Missions(2850 Kalamazoo Ave. Grand Rapids, Michigan 49560)
- Robert J. Bums, *A Program for Older Adults in the Church,* (Baker)
- Horace Kerr, *How to Minister to the Senior Adults in Your Church,* (Broadman)
- Gray and Moberg, T*he Church and The Older Person*

5. 요양원 사역

- 맥코믹스(McCormicks)가 쓴 Nursing Home Ministiy: A Manual

7. 자녀 양육 지원 사역

- Ross Campbell, *How to Really Love Your Child* (Victor)
- H. N. Wright, *Communication: Key to Your Teens* (Harvest)
- J. Dobson, *Dare to Discipline* (Tyndale)
- J. Dobson, *The Strong-Willed Child* (Tyndale)
- G. MacDonald, *The Effective Father* (Tyndale)

8. 미혼모 사역

- The Elder's Handbook(G. Berghoef and L. DeKoster, Grand Rapids: Christian's Library Press, 1979, chapter 8)
- Helping Unmarried Mothers (Rose Bernstein, New York: Association Press, 1971)

9. 재소자 사역

- *Prison People: A Guide for Prison Fellowship Volunteers*(copyright Prison Fellowship, P.O. Box 40562, Washington, DC 20016)

10. 환자 방문 사역

- *Spiritual Care: The Nurse's Role*(Sharon Fish and Judith Shelly)
- *The Visitor's Book of Texts*(Andrew Bonar)

11. 장애인 사역

- *Pastoral Care with Handicapped Persons*(Lowell G. Colston, Fortress)

Part 4

2. 필요를 채워 주고 가난의 뿌리를 잘라 내다

- *Service to Families: Problem Solving in Diaconal Outreach*(John Guetter, Kalamazoo, Mich.: CRWRC, 1981)

4. 구직자의 일자리 찾기를 도우라

- *Occupational Outlook Handbook*(1982-83 edition), U.S. Dept, of Labor Bureau of Statistics, Bulletin 2200.
- *Life Planning*(Kirk E. Farnsworth, Inter-Varsity Press, 1981), Appendix B(pp. 104-115)

5. 필요하지 않은 구매를 줄이는 것을 돕다

- *All The Money You Need*(George L. Ford, World Books, 1976, Waco, Texas, 76703)
- *Your Finances in Changing Times*(Larry Burkett, m Campus Crusade for Christ, Arrowhead Springs, San Bemadino, CA92403, 1975)

7. 목표에 이를 수 있도록 구체적인 방법을 세우다

- *Service to Families: Problem-Solving Skills in Diaconal Outreach*(Kalamazoo: Michigan, CRWRC, 1981)

주

1. J. K. S. Reid, "Diakonis in the Thougt of Calvin" in James I. McCord, T.H.L. Parker(ed), *Service in Christ: Essays Presented Karl Barth on His 80th Birthday*(William B. Eerdmans Publishing, 1966)

2. Frederick Herzog, "Eighteenth and nineteenth countries" in James I. McCord, T.H.L. Parker(ed), *Service in Christ: Essays Presented Karl Barth on His 80th Birthday*(William B. Eerdmans Publishing, 1966)

3. W. A. Whitehouse, "Christological understanding" in James I. McCord, T.H.L. Parker(ed), *Service in Christ: Essays Presented Karl Barth on His 80th Birthday*(William B. Eerdmans Publishing, 1966), p. 147.

4. G. W. Bromiley, "Diakonis in the thought of England" in James I. McCord, T.H.L. Parker(ed), *Service in Christ: Essays Presented Karl Barth on His 80th Birthday*(William B. Eerdmans Publishing, 1966), p. 111.

5. A. A. Brash, "The Church's diakonia in the modern world", James I. McCord, T.H.L. Parker (ed), *Service in Christ: Essays Presented Karl Barth on His 80th Birthday*(William B. Eerdmans Publishing, 1966), pp. 206-207

6. John M. Perkins, *A quiet revolution: The Christian response to human need, a strategy for today*(Marshall Pickering, 1976).

7. Gene A. Getz, *The Measure of a Man: Twenty Attributes of a Godly Man*(Revell, 2016).

8. Andrew A. Jumper, *Chosen to Serve: the Deacon, a Practical Manual for the Operation of the Board of Deacons*(John Knox Press, 1961).

9. Lester DeKoster Gerard Berghoef, *God's Yardstick: For the Abundant Life*(Christian's Library Press, 1966), Harvie M. Conn, *Bible Studies on World Evangelization and the Simply Lifestyle*(Presbyterian & Reformed Pub, 1981).

10. John .M. Perkins, *A quiet revolution: The Christian response to human need, a strategy for today*(Marshall Pickering, 1976).